日本語教育叢書「つくる」

作文教材を作る

関正昭・土岐哲・平高史也　編
村上治美　著

© 2012 by MURAKAMI Harumi

All rights reserved. No part of this publication may be reproduced, stored in a retrieval system or transmitted in any form or by any means, electronic, mechanical, photocopying, recording, or otherwise, without the prior written permission of the Publisher.

Published by 3A Corporation.
Trusty Kojimachi Bldg., 2F, 4, Kojimachi 3-Chome, Chiyoda-ku, Tokyo 102-0083, Japan

ISBN978-4-88319-613-5 C0081

First published 2012
Printed in Japan

編者あいさつ

　キリスト教の宣教師たちが日本へやってきて、自らの日本語学習のための教材（辞書、文法書）を作ったのは、今から400年以上前のことです。以来、今日まで数えきれないほどのさまざまな教科書や教材が作られてきました。その中には日本国内外の数多くの学習者に使われ、歴史に残る教科書になったものもあれば、一時的に話題を呼んだものの、瞬く間に忘れ去られた教材もあります。

　日本から遠く離れた外国で現地の学習者を対象に作られ、そこの学校や図書館などに埋もれたままになっているものもあることでしょう。

　これまでに作られた教科書・教材の多くは印刷物として（近代以降はレコード、音声テープ、ビデオテープ、CD、DVDなどで）残されてきていますが、それらの教科書・教材が「いつ、誰によって、どこで、どのように」作られたかを調べることは容易ではありません。また、教科書・教材制作のプロセスを克明に記録したものが公刊された例を、編者は寡聞にして知りません。しかし、もしそのような例があれば、私たちは教科書の編著者の意図をより精確にくみ取って授業に生かすことができるはずです。そればかりではなく、教科書・教材の作成プロセスを知ることは、新たな教材開発のプロジェクトにも役に立つに違いありません。

　このシリーズは、自分たちの手で教科書や教材を作ろうと考えている方々に、教科書・教材作りのプロセスとノウハウ、留意すべきことなどを紹介し、役立てていただこうと考え、編まれたものです。各巻の編著者はいずれも何らかの形で教科書・教材の開発にかかわった経験のある人ばかりです。具体的な作成のプロセスばかりでなく、言語教育を支えるさまざまな科学の研究成果のうちどのような知見が盛り込まれ、現場での経験や苦労がどのように教材作りに反映しているかなども知ることができます。また、完成後に実際に使ってみた成果（失敗談も含めて）なども含まれていますから、読者のニーズにおこたえするという点では、単なるメーキング本以上に興味深く読んでいただけるのではないかと思います。

　そして、それが「教科書・教材制作のプロセスの記録」を後世に残すことにもなるでしょう。「後世に残す」ということは、単に歴史的な意味がある

だけではなく、現代や未来にもつながっていきます。教科書制作のプロセスが明らかになっていれば、それについて各現場の実情に応じてさまざまな角度から議論することもできます。そこからまた新たな教材論が展開されたり、新しい教科書のアイデアやコンセプトが生まれてくることでしょう。

　この叢書（シリーズ）のタイトルは「つくる」、書名は「〜を作る」となっています。「つくる」にはこの語のもつさまざまな意味を、「作る」には具体的な「教材制作・作成」の意味を込めています。すべての巻に以上のような趣旨が込められていますので、日本語教育の現場だけでなく、将来日本語教育への道を志している人たちにも、テキストや参考書として広くご活用いただけるものと思います。

　　　　　　　　　　　　　　　　　　　　　　　編者　関正昭
　　　　　　　　　　　　　　　　　　　　　　　　　　土岐哲
　　　　　　　　　　　　　　　　　　　　　　　　　　平高史也

はしがき

　「編者あいさつ」にあるように、教科書・教材作成の具体的な作成プロセスに関する本を書いてみませんかと声をかけていただいたのは、5年以上も前のことになります。その当時、まさに教材作成の真っただ中にいたので、その作成のプロセスであれば何か書けるのではないかと思い、この叢書の「作文教材を作る」の執筆に関わることになりました。

　その後会話・漢字・読解と叢書の出版が進むにつれ、自分が書いているものと今まで出たものとではかなり趣を異にしているという気がしてきました。ですから、本書は従来の『日本語教育叢書　つくる』にある学術的な色彩の濃い、総合的な活動を紹介したものとは傾向が違うかもしれません。

　本書では初級から上級までの作文指導を網羅した教材に関して書かれているわけではありません。しかし、「アカデミック・ジャパニーズ」における教材作成にかかわる右往左往の体験記は十分に参考にしていただけると思います。そもそも「作文教材」でありながら「プレゼンテーション」や「スピーチ・ディベート」など「話し方教材」で紹介されるはずの活動が出てくる点に違和感を持たれるかもしれませんが、中級レベルでは作文指導は「話し方」の授業とは切り離せない関係にあるのであえてそのようにしました。

　「作文」を教えていて多くの教師が感じることは、時間の制約がある中で学習者が書く内容をいかに充実させるかということではないでしょうか。それは「話す」活動を指導している場合も同様です。両方の活動を並行して実施することで、効率よく、効果的に表現活動をさせられるのではないか、この考えが本書で紹介する教材作成の根本にあります。

　また、最終的に身に付けなければならない技能を達成するためには、初級・中級・上級でどんなことを積み上げていくべきかという統一シラバスを念頭に置いた教材作りをおこないました。しかし、この点に関してはまだ初級から初中級にかけての教材が作成途上で、全体像を提示できていません。

　上記の点を踏まえて、本書を教材作りのヒントに活用していただければ幸いです。

2012年10月

村上治美

目次

編者あいさつ　iii
はしがき　v

第1章　作る前に

はじめに　2
- ▶1　市販教材を使っていて疑問を感じる時　2
- ▶2　到達目標を定めた教材作り　3

第1節　作文教科書の現状と新規教科書開発の必要性　5
1. 作文教科書の現状　5
   - ▶1　初級前半から使える「作文」教科書……主として文法項目の定着を促すことを目的とした「作文」のための教科書　6
   - ▶2　初級後半から中級前半で使える「作文」教科書……トピック・文章機能に着目した「作文」教材のための教科書　10
   - ▶3　中級後半から上級で使う「作文」教科書……アカデミック・ジャパニーズを目指す「文章表現」のための教科書　13
   - ▶4　日本人大学生対象の「レポートの書き方」指導用教科書　13
2. 市販の教材に不足している分野は何か　14

第2節　作文教育とニーズ　15
1. 予備教育型日本語教育に必要な作文教育とは　15
2. STUDY ABROAD型日本語教育に必要な作文教育とは　16
3. 地域日本語教育に必要な作文教育とは　17

第3節　作文教材開発に着手する前にしなければならないこと　19
1. 現状を把握する～作文研究会の開催　19
   - ▶1　仲間集め　19
   - ▶2　研究会でまずやること　20
   - ▶3　授業報告会で浮かび上がる問題点　21
2. 教育機関に合ったシラバスとは何か　22
   - ▶1　大学付属の予備教育機関に求められる作文・文章表現シラバス　22
   - ▶2　国語教育における作文シラバス　23
3. 目標設定とシラバスの作成　25
   - ▶1　レベル別目標設定とシラバスの決定　25
   - ▶2　シラバス作成後に起こったこと　30

4. 学習者が使うメインテキストとの関連　30
     - ▶1　『日本語中級 J501―中級から上級へ―』の作文タスク　31
     - ▶2　『ニューアプローチ中上級日本語完成編』の作文タスク　32
     - ▶3　『みんなの日本語中級Ⅰ・Ⅱ』の作文タスク　32
     - ▶4　主教材についている作文タスクで文章表現力はつくか　33
  5. 教材開発当初の計画　33
     - ▶1　総合教科書作成の試み　33
     - ▶2　総合教科書作成の試みが頓挫した理由　34
     - ▶3　「教科書」の形で作ることにした理由　35
  6. 教科書作成前に決めておくべきこと：執筆者の決定　36
  7. 教科書で使用する文章をどうするか　37
     - ▶1　著作権の問題　37
     - ▶2　中級表現教材に生教材が使えない理由　38
     - ▶3　教科書で使用する文章を書く際に注意すること　38

第4節　作業に取りかかる前に　40

  1. 出版の是非を決めるポイント　40
  2. 中級表現教科書における新しい視点1：到達目標を意識した指導　41
  3. 中級表現教科書における新しい視点2：「話し方」授業との連携　43
     - ▶1　中級における話し方指導と文章表現指導の関係　43
     - ▶2　「話し方」と「文章表現」指導の連携を目指す教科書を作る　44

第2章　作る

はじめに　46

第1節　『日本語中級表現』の構成について　47

  1. 基本的な Unit の決定　47
     - ▶1　「Unit 1　要約文から演習発表へ」を設定した理由　49
     - ▶2　「Unit 2　グラフ解説文からプレゼンテーションへ」を設定した理由　50
     - ▶3　「Unit 3　意見文からディベートへ」を設定した理由　50
  2. 各節の構成をどうするか　51

第2節　『日本語中級表現』の作成と指導について　53

  1. 「はじめに　日本語の文章の書き方について」　53
     - ▶1　いろいろな記号の使い方　53
     - ▶2　原稿用紙を使った書き方　54

- ▶ 3 句読点の付け方 55
- ▶ 4 文体 56
- ▶ 5 「はじめに」にどのくらい時間をかけるか 57
2. 「Unit 1 要約文から演習発表へ」の作成と指導について 58
    - ▶ 1 中級の要約指導で目指したこと 58
    - ▶ 2 「要約文から演習発表へ」指導開始時に起きた問題 60
    - ▶ 3 「Ⅰ．要約文の書き方」の作成と指導 62
    - ▶ 4 「Ⅱ．口頭要約発表のやり方　基礎練習」の作成と指導 71
    - ▶ 5 「Ⅱ．口頭要約発表のやり方　応用練習」の作成と指導 81
    - ▶ 6 「Unit 1　要約文から演習発表へ」終了後の指導 83
3. 「Unit 2　グラフ解説文からプレゼンテーションへ」の作成と指導について 85
    - ▶ 1 「グラフ解説文からプレゼンテーションへ」作成時に起きた問題 85
    - ▶ 2 「Ⅰ．グラフ解説の練習」の作成と指導 88
    - ▶ 3 「Ⅱ．プレゼンテーションの練習」の作成と指導 101
4. 「Unit 3　意見文からディベートへ」の作成と指導について 117
    - ▶ 1 「意見文からディベートへ」作成時に起きた問題 117
    - ▶ 2 「Ⅰ．意見表明のための練習」の作成と指導 121
    - ▶ 3 「Ⅱ．ディベートの練習」の作成と指導 126

第3節　上級用アカデミック・ジャパニーズ表現教材を作る 134

1. 学部開講科目「日本語1」とはどういう授業か 134
    - ▶ 1 授業の概要 134
    - ▶ 2 授業の実際 135
2. 統一教材作成に関わる問題 136
    - ▶ 1 統一教材作成の経緯 136
    - ▶ 2 統一教材を作成することにした理由 136
    - ▶ 3 市販するかどうかの判断 137
3. 『日本語1』の構成について 138
    - ▶ 1 基礎練習編について 140
    - ▶ 2 レポートの書き方編について 140
    - ▶ 3 就職活動のための日本語表現 141
4. 『日本語1〈文章表現編〉』の作成と指導について 141
    - ▶ 1 「事実文と意見文」の作成と指導 141
    - ▶ 2 「文の要約」の作成と指導 143
    - ▶ 3 「グラフ解説文」の作成と指導 146

- ▶4 「儀礼的な手紙文の書き方」の作成と指導　146
- ▶5 「はがきの書き方・メールの書き方」の作成と指導　152
- ▶6 「レポートの書き方編」指導の手順　154
- ▶7 「レポートの構成」の作成と指導　158
- ▶8 「注と引用」の作成と指導　159
- ▶9 「レポート提出前にチェックすること」の作成と指導　160
- ▶10 「就職活動のための日本語表現」の作成と指導　163

第3章　作った後で

はじめに　170

第1節　『日本語中級表現』を作った後で　171

1. 授業運営の実際について　171
2. 評価とフィードバックについて　174
   - ▶1 全体の評価基準について　174
   - ▶2 要約文の評価とフィードバック　176
   - ▶3 グラフ解説文の評価とフィードバック　178
   - ▶4 意見表明文の評価とフィードバック　180
3. 試験について　181
   - ▶1 文章表現の定期試験：グラフ解説文・要約文　181
   - ▶2 文章表現テストに辞書の持ち込みを許可する理由　182
   - ▶3 文章表現テストにパソコンの使用を許可する理由　183

第2節　『日本語1』を作った後で　185

1. 授業運営の実際について　185
2. レポートの評価とフィードバックについて　187
   - ▶1 ミニレポートの評価とフィードバック　187
   - ▶2 最終レポートの評価とフィードバック　189

第3節　教科書を作った後で　194

1. 試用の際に決めておくこと　194
2. 模範解答・授業スケジュールのWebサイトへの掲載　195
3. 出版に向けての作業　195
4. 教科書作成後の残された課題について　196

あとがき　198

参考文献　199
参考教材　200
索引　202

第1章
作る前に

はじめに

　新しく外国語を習得しようとする時は、はじめにその言語の音声を習い、それと同時にその言語の文字の学習を始めることが多い。それから少しずつ文型・語彙を増やしていって、ある程度まとまったことが発話できるようになって初めて、学習言語を使って「作文」の学習を始めることになる。教師が作文指導を開始する時期は、学習者のニーズや学習状況によって違うが、学習を始めて1ヶ月から1ヶ月半ぐらい経過した頃が多いのではないだろうか。

　その際、本格的に「書く」ことを念頭に指導する機関もあれば、文法の定着を図る一環として、または文型・語彙などのインプットばかりに疲れた学習者が主体的に何かを生み出す活動と位置づけておこなう場合もあるだろう。いずれにしろ文を「書く」という指導は外国語教育の比較的初期段階から始めることもできるが、それが初級の教育の中心となることはあまりない。特に日本の多くの日本語教育機関でおこなわれている直接法による初級教育の中心は、音声を媒介とした「日本語教育」であって、文字による作業はあくまでも学習したことの確認にとどまる場合が多い。

　つまり、最初のうちはメインテキストを主とした教育活動をおこない、その活動を補う手段として週に1時間から数時間程度を使って「書く」指導をするところが一般的であろう。初級段階の日本語教育の中心はメインテキストを使った文型・文法・語彙の習得で、「書く」指導のためにわざわざ1冊教科書を買わせるところはそうないのではないか。多くは市販教材の中で指導に適した部分を複写して利用したり、教師がそれぞれ自作したものを使ったりしているのではないかと思われる。その方が学習者の経済的負担も少ないし、実際的だという理由もあるだろう。

▶1　市販教材を使っていて疑問を感じる時

　しかし、市販の教材を必要に応じて使っていたのでは、その場その場の作文指導をこなすことはできても、時間的に長いスパンで考えたときに個々の学習者の「書く」力が積み上がっていかないのではないかという疑念を抱く

ことがある。そう感じた時に、教師の苦悩が始まる。

　メインテキストにそって教えていけば、特別に問題のない一般的な学習者の場合、日本語力がある程度は身に付いていくことがわかる。その学習者が次のクラスに進級したり、違う学校に移ったりしたとしても、次に担当する教師がその学習者に以前学習した教科書を問えば、習熟度に個人差があるにしろ、どのような文型・語彙を学習し、どの程度の力がついているのかを察することができる。

　しかし、作文教育に関しては今までどのような方法でどのような指導を受けてきたか、あるいは受けてこなかったのかは学習者を見ただけではわかりにくい。

▶2　到達目標を定めた教材作り

　「書く」ことに対する支援を単独で取り出して考えてみた場合、果たしてその時間の活動だけを考えるだけでいいのだろうか。「書く」教材を寄せ集めて指導するのではなく、教育機関全体として到達目標を定め、シラバスを統一的に考え、段階に応じて発達を支援していく教材を作る必要があるのではないか。もちろん機関によっては「書く」ことをそれほど重視しなくてもよいところがあるかもしれない。しかし、レベル全体を見渡して統一した教材を作成する必要がある機関もあるだろう。その場合はどうしても独自で教材を開発していかなければならない。

　特に重要なことは全体のデザインである。教材開発のヒントとなる「授業のアイデア集」のような指導書が近年多く出版されるようになり、それはどのような指導をしようか迷っている者にとっては福音である。しかし、それらの本に欠けているのは、何をどのように積み上げていけばどのような力をつけていくことができるのかという視点である。

　もちろん単発的にそれらの指導をしても、身に付いていく力はある。しかし、組織として目標を設定し、与えられた1時間の授業を充実させると同時に、学期全体を通した授業構成を考え、さらには修了年限までの複数学期を通して最終的にどのような力をつけていくかを念頭に置くことで、効率よく必要な力を伸ばしていくことが可能になるのではないか。まずはじめに作文

教育におけるグランドデザインを考えなければならない。

　教育機関によって学習者が必要とする文章表現力は多様である。ゆえに、一冊の教科書で作文・文章表現指導に関わるあらゆる要素を網羅し、作文教育に悩むすべての教師の要望に応えることは難しい。本書で提供できるのは一つの予備教育機関でおこなわれている実践をもとにした例にすぎないが、「作文指導をどうしたらよいか」、「効果的に作文力をつけていくにはどうしたらよいか」という悩みを抱える人にとって何らかのヒントとなることを願い、表現教科書『日本語中級表現　アカデミック・ジャパニーズ表現の基礎』（東海大学出版会、以後『日本語中級表現』）作成の一連の作業を時系列で追いながら、作文教材作成のためにどのようなことが必要かを総合的に考えていきたい。

　また、『日本語中級表現』の作成と並行して、最終到達目標となる上級レベルの教科書『日本語1　大学で使う口頭表現・文章表現のために』（以後『日本語1』）を開発することにより、現在両者の連携を模索しているところである。教材一つ一つが点であるならば、教科書はそれらをまとめた線となるものである。その線を伸ばした先にあるものがアカデミック・ジャパニーズ表現の習得という到達目標になるはずである。

　そこで、本書ではアカデミック・ジャパニーズにおける表現力養成を最終目標とした中級教材作成から上級教材作成までの作業を通して、全体の構成を考えた教材作りとはどうあるべきか、指導するうえでどのような問題があるのかを明らかにしていきたい。

第1節　作文教科書の現状と新規教科書開発の必要性

　日本語教師にとって授業準備のためにおこなわなければならないことは多々あり、できることなら自主教材を手間隙かけて作ることは避けたいと誰しもが思うところである。もし、市販されている教材をうまく活用することができるのであればそれにこしたことはない。作文教材を自分の授業の中でどのように活用したらよいかに悩む教師は、まず市販されている教材をのぞいてみることをお勧めする。
　以下に本書執筆時（2006～2010年）に市販されていた作文教材の主なものを取り上げ概評する。これは実際に筆者が使用したものもあれば、長い間作文教育に関わった者から見た感想というものもある。

1. 作文教科書の現状

　「作文」、「文章表現」という二つの概念を本書では次のように考えたい。「作文」は既習の文法項目の定着を促すことを主たる目的として文章を書かせる作業のことで、初級から中級にかけての教育でよくおこなわれている「書く」ことと考える。この指導も次の「文章表現」活動に続けるためにはもちろん重要である。
　一方、「文章表現」とは文法的に正しい文を書くことよりも（そのことが重要でないわけではないが）、文章全体の構成を主眼として、言語活動の目的（レポート・報告書・手紙・メールなど）を達成するためにはどのような構成で文章を書く必要があるか、その際にはどのような点に注意して書かなければならないかという点に重点を置いた指導のことを指す。これは中級後半から上級、大学入学後のアカデミック・ジャパニーズの能力を身に付ける際に必要になってくる技能である。
　この「文章表現」力は母語で身に付いていれば、特に外国語で学習する必要はあまりないともいえる。文法や語彙は未熟で間違いだらけだが、内容を汲み取ってみると構成がわかりやすく、中身の充実した文章を書く学習者が

いる。このような学習者は母語でも文章を書くことが好きで、母語の文章表現力が転移して書いているといえる。このような学習者は「文章表現」に関しては母語である程度身に付いているので、外国語としての「作文」指導に力を注いだ方がよい。

　学習項目の定着と構成のどちらに主眼があるかで指導の焦点が変わってくるので、同じ文章を書く指導であっても両者ははっきり分けて考えていきたい。

　以下に作文・文章表現指導に関する教科書を概観してみる。

▶ 1　初級前半から使える「作文」教科書……主として文法項目の定着を促すことを目的とした「作文」のための教科書

　初級前半といっても文字を自由自在に書くことができるまでに1ヶ月ぐらいはかかる。そのため、作文指導は文字が負担なく書けるようになってから指導を始めるところが多いだろう。文字を書くことがおぼつかない段階で作文指導を始めても学習者の負担が大きく、書くことに対する抵抗感を強めるだけなのであまりお勧めできない。この時期に文字を使った活動をおこないたいならば、作文を書かせるよりは単語や簡単な文のディクテーション、ひらがな・漢字の書き方指導などに力を入れた方がよい。

　文字を書くことに問題がなくなってくると何かまとまったものを書かせることになる。外国語を学習するのは根気の要ることで、単語の暗記を中心としたつらい作業が待っている。反対に外国語を学習する初期の楽しみは、学習した言語で誰かとコミュニケーションできたり、簡単な読み物が読めたり、そして何かを書けたりすることであろう。

　「書く」ことに関していえば、楽しみの面を重視しつつ、過度に負担となる課題ではなく、今まで習ったことを使えばこのようなことができるという達成感が味わえることを目標に、あまり時間をとられない程度に指導していくのが望ましい。

　初級前半で学習した言語を使ってまとまった内容を書くことができるようになると、トピック作文を指導する。初級前半段階で書かせることができるトピックはだいたい決まってくる。たとえば、「て形・た形」の導入が済ん

だところで、日記風の身辺雑記を書かせるというように、初級の場合は学習した文型と文章の内容には密接な関係がある。どのような文型が入ったらどのようなトピックで文章を書かせることができるか、初級教科書を教えたことがある人なら一度は考えたことがあるだろう。

　それらを整理する意味でも次に紹介する❶〜❸の作文用教材は一度目を通しておくとよい。

❶『絵入り日本語作文入門』（C&P 日本語教育・教材研究会編　専門教育出版 1989）

　この教科書は作文教材の先駆けといえるもので、今から20年以上前に出版されている。当時は作文のための教材が少なく、出版以来版を重ねて多くの人に利用されている。絵が豊富に入っているため、初級日本語の学習者にもわかりやすく、教師が絵教材などを使って内容理解を補う必要もない。

　「文型を使った短文練習編」と「トピック作文編」に分かれ、文法定着を目指して作文を書かせる一つの指導の形を示している。「トピック作文編」の話題は23あり、自分の身の回りのことを伝える自己紹介的なものが多い。

　最後に「作文指導上の留意点」が13例ほど挙がっている。これを整理して作文指導のポイントをコード化すると、学習者にいわゆる「コードフィードバック」する際の参考になる。

　作文におけるコードフィードバックとはあらかじめ教師が学習者に指導ポイントを記号で示しておいて、作文返却の際に学習者が自分の文のどの点が問題であったのかに気づかせる方法のことである。たとえば「＿＿」は文法的な間違いを犯した場合、「＿＿」は使用語彙の間違いなど、事前に決めて注意点とコードを配布しておくことが多い。

❷『初級日本語　作文練習帳』（東京外国語大学留学生日本語教育センター編著　凡人社 1999）

　オーソドックスなタイプの初級用作文教材である。指導の手引きもついており、課題のポイントとなる文型が明確に示されているので、メインテキストに他の教材を使っていても、作文指導への応用がきく。

　「わたしの１日」「わたしのへや」「夏休みのよてい」など、身近なトピッ

クで習った文型・語彙を使って書かせるように工夫がされている。また、すべてひらがな表記で書かれているので、初級のかなり早い段階から本書で提示されているような方法で作文を書かせることができる。最後に簡単な手紙の書き方がついていて、初級終了時に文章を書く実践の場として生かせるようになっている。

　習った文型を使って文法の復習をかねて何か書かせたいがどのようなトピックがよいのか、書かせる前にどのような指導をしたらよいのか悩んでいる場合に参考になる。

❸『みんなの日本語初級　やさしい作文』（門脇薫・西馬薫著　スリーエーネットワーク　1999）

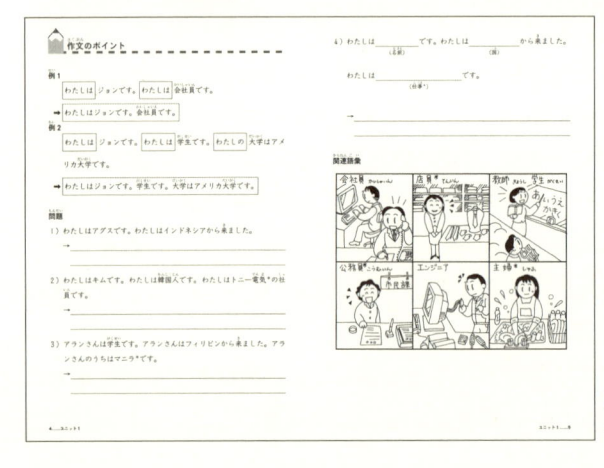

『みんなの日本語初級　やさしい作文』p.4〜5より

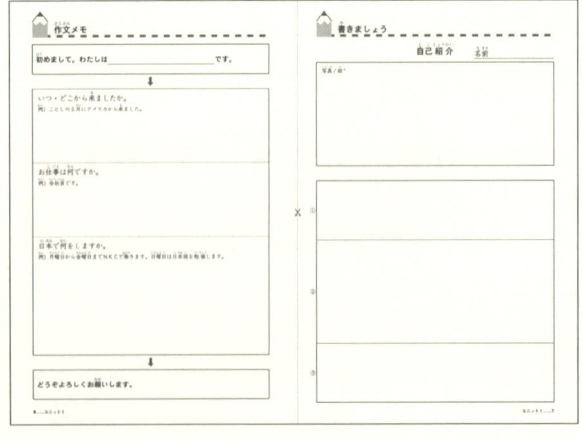

『みんなの日本語初級　やさしい作文』p.6〜7より

教科書の「はじめに」の部分と「この教材をお使いになる先生方へ」に書かれているように、「全体的な構成のパターン」を理解して文章を書く練習をおこなうことによって、談話展開を意識した中級作文につなげていくことを目指している。

　トピックは❷の教科書とほぼ同様で、「自己紹介（自分の家族・自分の国など）」「自分の経験（週末・旅行・日本でびっくりしたことなど）」や「手紙の書き方」などである。「比較」と「ニュース」は❷にも出てくる題材である。つまり初級文型を使って書く場合、多彩な話題で作文を書くことは難しく、ある程度決められたトピックで書かせたほうがそれまでに習った文型・文法項目・語彙が使えるので、日本語の力を総合的に上げていくのに効果があるといえる。

　一方、❷が文型中心に指導しているのに対して、❸は作文を書く前にどのような準備をしたらよいかが中心になっている。また、作文を直接教科書内に書き込んだ後で切り取って提出できるようになっているので、原稿用紙や作文用の紙を配布する必要がなくて便利である。

　この教科書の特色は、最後の応用編で中級につなげるために必要な論理的な文章を書くための手順がわかりやすく提示されていることである。

　初級段階で構成にまで踏み込んで指導するのが難しいと教師が考えるのは、媒介語なしに複雑な問題点を指摘し、次にどのように書き直したらよいかを理解させ、実際にそのアドバイスにそって学習者に文章を直させる添削指導をしなければならないからである。本書を使えば、学習者自身が作成したメモを利用して文章を作っていくので、自然に段落意識が身に付くようになっている。

　しかし、そのために書かせる前の指導にかなり時間をとられるので、それだけの時間を作文のために使えるかが課題となろう。巻末の「授業の流れ」の例で「『作文メモ』が15分、実際に書く時間が25分」となっているが、学習者の書いたメモをチェックしながら書かせていく作業を40分でこなすのは一般的にはかなり難しいのではないだろうか。この作業をさせる場合、教師が作文メモをチェックせずに書かせたのではあまり意味がないので、事前指導に十分時間をかけなければならない。

　チェックするとしたら早くメモができた者順に持ってこさせ、教師が個別

にチェックするという方法が考えられる。理想的な展開としてクラス15人が一人ずつ1分おきの時間差で仕上がって教師のところに持っていき、1分で指導を終えられたら、この課題は理想どおり15分でできる。しかし、実際にはそうはいかず、書き直しのための指導にかなり手間取ることが予想される。最後の学習者のチェックが終了しないうちに一番早い学習者の作文が仕上がることも考えられる。チェックだけを時間内に終わらせ、できなかった場合は宿題として持ち帰らせるなど、現実的な対処方法が必要であろう。

▶2 初級後半から中級前半で使える「作文」教科書……トピック・文章機能に着目した「作文」教材のための教科書

　初級後半で動詞を使ったさまざまな文型が入ると表現の幅が広がり、文型・語彙をいろいろ組み合わせて表現することができるようになる。したがって、初級後半に本格的に作文指導を始めるところが多いのではないだろうか。この段階になると、どこにポイントを置いて作文指導をするかを目安にして教材を選ぶことになる。

❶『日本語作文Ⅰ』(C&P日本語教育・教材研究会編　専門教育出版 1988)

　この教科書は、「『聞く・話す』の会話力及び読解力に見合った作文力を養うための具体的な練習教材は現状ではほとんどない」とまえがきにあるように、作文のための教科書としてはかなり早く出されたもので、今でも使われ続けているロングセラー教材といえる。

　初級初期から使うことができる『絵入り日本語作文入門』（p.7 ❶参照）とほぼ同じメンバーで作られたもので、オーソドックスな作文指導の形が見られる。書かせる前の指導として「関連する文型・語句の確認」、「これから書かせるトピックについての質問」、「作文の例」が見開き2ページにコンパクトに収められている。また、トピックが45と豊富なのも特色で、教師はその中から適当な箇所を選んで書かせることができるので利用しやすい。

❷『表現テーマ別　にほんご作文の方法』（佐藤政光他著　第三書房 1994）
　❶がトピック中心に作られた教材であるのに対して、この教科書は文章機能に注目して作られている。「1．物の形・状態・場所」から始まり、因果関係や伝聞・変化・方法・類似点・意見・要約など 16 課構成で、語句・表現のまとめ、例文、文の後半を自由に作らせる後文作文の練習がついている。課によっては表現練習をするだけで、実際に作文を書かせるための課題がついていない。
　作文を書かせる前に本書を利用して表現の確認などをおこない、その後で実際の課題を書かせる指導に入るというのが本書の一般的な使い方だと思われる。

❸『らくらく日本語ライティング』（田口雅子著　アルク 1995）
　この教科書は予備教育機関で日本語の四技能をバランスよく習得したい学習者のためというよりも、地域で日本語を教えているボランティアがビジネスマンや一般社会人に日本語を教える時の参考になる。ビジネスマンや地域の外国人の中からただ読む・話すだけでなく作文もやってみたいという希望が出たときに、どのようなことを書かせたらよいか悩むところである。ここには実践的な課題が提示され、学習者に興味を持たせながら課題をこなせるような工夫がされている。英語訳がついているので、英語ができる学習者であれば、さほど苦労せずに説明や例文を理解することができる。

❹『たのしい日本語作文教室Ⅰ（文法総まとめ）』（吉田妙子著　大新書局 1999）
　中級段階の指導をしていても、読みやすい文章を書くためには、やはり正確に文法の定着を図ることが必要だと、作文を書かせながら考えることがある。本書は台湾の大学で学ぶ学習者のために書かれた教科書であるが、2006 年に改訂版が出るほど支持されている。
　構成などを考えて文章をまとめていくことよりも、表現・文法を確認しながら正しい文章が書けるように配慮された教材である。中国語母語話者が誤りやすい表現が紹介されていて、表現の復習を中心に進めたい中国語母語話者が多いクラスに向いている。

❺『改訂版トピックによる日本語総合演習　テーマ探しから発表へ　中級前期』（佐々木薫他著　スリーエーネットワーク　2009）

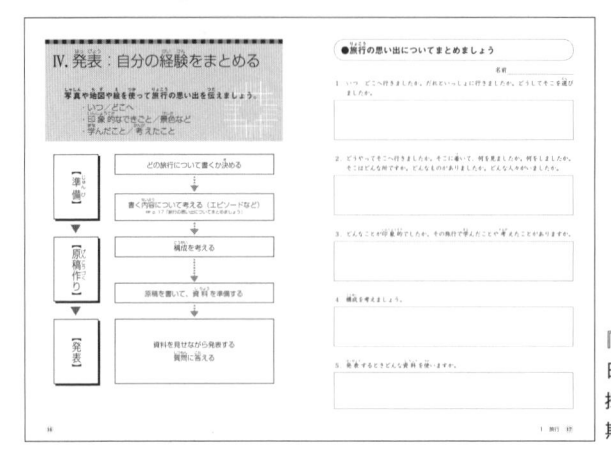

『改訂版　トピックによる日本語総合演習　テーマ探しから発表へ　中級前期』p.16〜17より

　発信することを主眼に置いた教科書である。本書を口頭表現だけでなく文章表現のテキストとして利用している機関もかなりあるのではないだろうか。もともと自分で調査した結果をまとめて口頭発表するために作られた教科書であるが、口頭発表指導の内容をそのまま文章表現指導に利用できるからである。時間があれば口頭表現をさせてから文章化すればさらによいのだが、その余裕がなければ文章表現だけでも十分であろう。惜しむらくは口頭表現の後に文章化する際のポイントや構成などが書かれていないので、そこは担当者が補って指導する必要がある。

　中級レベルの場合、文章を書かせようと思っても、まずどのようなことをどのように書かせればよいのか、内容・表現・指導法で悩むことが多い。

　たとえば❶の教材を利用して必要な表現を確認し、それからＱ＆Ａを扱い、学習者たちに課題を与え、時間内に書けないものは宿題にするという作業を何回かやった後で、もう少し何か工夫できないかと思った時などには、本書を利用することをお勧めする。

　中級ではまだ内容に即した表現をするための文章モデルが必要である。その点、本書には文章を書く際に参考にすることができる読解資料と、内容理解を助けるデータおよび、表現について必要な項目のまとめがあるので、文章を書く際に必要となるポイントを効率よく指導することができる。

▶3 中級後半から上級で使う「作文」教科書…アカデミック・ジャパニーズを目指す「文章表現」のための教科書

❶『大学生と留学生のための論文ワークブック』(浜田麻里・平尾得子・由井紀久子 くろしお出版 1997)
❷『改訂版留学生のための論理的な文章の書き方』(二通信子・佐藤不二子 スリーエーネットワーク 2003)

　近年出版が盛んなのは中級後半から上級にかけての作文教科書で、▶4で紹介する日本人大学生も対象とする教材と併せると多種多様である。それまで日本の大学生は暗中模索の中でそれぞれの専門分野の論文作法を習得していたが、今は授業や入学前にレポートの書き方のコツを大学で指導してもらえる時代になった。その指導の際に使える教材の需要が高まった結果、レポートの書き方指導に関する本が多数出版されるようになった。

　このレベルでは文章表現力をつけさせるためにどの教材を使うかは、主として時間との関係と、学習者がどの程度の文章表現力を必要としているかというニーズの問題に関わってくる。

　上記の❶・❷の教材から時間・学習者のニーズに合わせて抜粋して使うのが効果的であろう。

▶4 日本人大学生対象の「レポートの書き方」指導用教科書

❶『よくわかる文章表現の技術Ⅰ～Ⅴ』(石黒圭著 明治書院 2004)
❷『ピアで学ぶ大学生の日本語表現－プロセス重視のレポート作成－』(大島弥生他著 ひつじ書房 2005)
❸『これから研究を書くひとのためのガイドブック』(佐渡島沙織・吉野亜矢子共著 ひつじ書房 2008)

　上記の3冊の教科書は、レポートの書き方に関する注意を読んで、レポートの書き方のポイントを理解させるのに適した教科書である。実際に教師が指導をしながら学生にレポートを書かせる際の参考となる。学ぶべきことが多く書かれているが、文章量が多いのでそのまま授業で使うには、教える対象が日本人大学生であったとしても読ませて理解させるには努力を要するだ

ろう。

　筆者は日本人大学生を対象にした文章表現クラスも担当しているが、これら3冊をそのまま使おうとは思わない。それは日本語が母語である日本人大学生といえども、文章を書くためにこれだけの分量の文章を読ませることは難しく、特に今の若者は要点をまとめてわかりやすい形で提示されていないと理解しようとしない傾向があるからである。

　一般的な大学生の場合、文章表現に必要となるポイントのみを効果的に、しかも何回も提示する必要がある。もし実際にこれらを教材としてテキストにそって指導する場合、教師が授業中に簡単に要旨をまとめて説明する必要がある。また、手本となる優れた文章ばかりでなく、問題となりそうな具体的な文章（過去に学習者たちが実際に提出した課題例の中で問題となるものなど）を見せて、どのような点に注意すべきかを学生たち自身に考えさせながら指導項目のポイントを徹底して理解させ、実践する力を身に付けさせる必要がある。

2. 市販の教材に不足している分野は何か

　1. で既存の作文教材について概評した。20年前には数種類しか出ていなかったことを思えば、作文教材は増えてきているといえるが、不足している分野はまだ残されている。

　予備教育における教材に関していえば、初級ではメインテキストを補充する教材はいくつか出されているが、初級から中級、中級から上級にかけてのテキストでアカデミック・ジャパニーズにつながることを意識して作られた教材が少ない。

　また、予備教育以外の分野に関する作文教材は少なく、『日本語Eメールの書き方』（ジャパンタイムズ 2005）が出ているくらいである。ニーズ調査とともにそれらの充実が今後の課題であろう。

第2節　作文教育とニーズ

1. 予備教育型日本語教育に必要な作文教育とは─

　作文教育のニーズを考えるうえで予備教育型日本語教育ほど明確でわかりやすいものはない。つまり予備教育機関の学習者たちは将来日本の大学に進学し、単位を取得して卒業することを目指している。そのために必要な文章表現力といえば、単位を取得するために必要なこと、つまり、レポートやハンドアウトを書く力であり、その力を取得することを最終目標にすればよい。

　文章表現力は言語教育の中で最も習得に努力を要するにもかかわらず、実際に書かなければならない場面がそう多くあるわけではない。これは母語話者にとっても同様である。会社で仕事に必要な企画書などを書くことはあるが、それ以外に複雑な構成を必要とした長い文章を書く場面はあまりない。企画書・報告書でも長い文章を書くより、要点をまとめたものを要求されることが多い。「聞く・読む・話す」技能を使わずに1日を終えることはまずないが、「書く」技能を使わずに日常生活を送ることはできる。

　日本の社会に出れば外国人が日本語で書くことまで要求されることはあまりない。実際に日本の会社に就職した卒業生たちに、会社に入った後、文章表現力でどのようなことに困っているかを聞くと、取引先の会社宛にメールを書く時という答えが多い。日常生活では、さらに必要はない。個人的なメールでの情報のやりとりはできなければならないが、メールの文章は短く用件を伝えればよいので、それほど本格的な文章表現力が必要とされるわけではない。

　しかし、日本の大学で単位をとるためには、学習者は日本人と同程度に日本語でレポートを書くことが要求される。成績が奨学金の取得などに直接関係する留学生にとっては、日本人に伍してよい成績をとりたいと考えるのは当然である。そこで学習者たちはレポートの作成に熱心に取り組むことになる。

　その技能の習得に強い動機がない学習者に、達成するために大変な労力を必要とする課題を与えることは、教える方も教わる方もストレスを感じる。

その点、予備教育機関で「書く」ことを教える場合、動機づけにあまり配慮しなくてもよい。

大学卒業後に日本で就職することを踏まえて、時間があればレポートの書き方だけではなく、就職活動に必要な履歴書・エントリーシートの書き方、就職試験対策用論作文の書き方、社会人になって必要な儀礼的な手紙の書き方などを指導するとよい。

2. STUDY ABROAD 型日本語教育に必要な作文教育とは

大学間の協定などで半年から1年程度日本にいて、日本体験を積みたいと考えているSTUDY ABROAD型の学習者に作文教育が必要かどうかというのはそれぞれの考えによる。初級でおこなう、文法の定着を図る補助手段の一つとしての作文教育は必要であろう。この部分は予備教育でも、STUDY ABROAD型でも共通だと考えてよい。しかし、中級以降になってレポートの書き方のような本格的な指導まで必要とする学習者がどれだけいるかということは、STUDY ABROAD型の学習者に文章表現を指導する前に一度考えてみる必要がある。

もちろん彼らも母国でレポートを書く。しかし多くの場合、彼らは母語や英語でレポートを書くのであって、日本語で書いて母国の大学に提出しなければならないという学習者はほとんどいないのではないだろうか。日本語でレポートを書く技術は日本の大学院に進学して初めて必要となってくる。それも英語で書けばよいという理工系などの分野もあるので、中級後期だからという理由だけでレポートの書き方指導が必要だと安易に考えないほうがよい。

したがってSTUDY ABROAD型学習者に対する文章表現教育にどのようなことが必要かを考える前に、その授業は「選択」制であることが望ましい。選択制であれば「書く」ことを学びたい学生が集まるので、「動機」に関する問題はクリアできる。文章表現を学びたいと考えて授業を選択した学生であるならば、書くことに興味があることを前提に指導ができるので、教師も学習者もあまり悩まずに課題に取り組むことができる。

文章表現の授業を選択した学習者に対しては彼らのニーズを聞きながらシラバスを決めてもよい。手紙の書き方や簡単なレポートの書き方など、書く授業を選択したからには取り組んでみたいことがあるはずである。また「俳句・短歌」などの創作をしてみるのもおもしろい。多くの場合、文章表現の授業を選択する学習者は母語でも書くことが好きな人が多いので、「書く」ことに積極的に取り組むはずである。教師が彼らのニーズを探りながら授業展開を組み立てればよい。

　「俳句・短歌」では「俳句」の方が指導しやすい。桑原武夫が『第二芸術論』（河出書房）で述べているように、「俳句」は素人でも芸術性の高い作品を生み出す可能性がある。「俳句」には偶然が生み出すおもしろさがあって、一瞬の風景の切り取り方が写真に通じる楽しさがある。語彙が増えてくる中級後半以降の学習者の場合、優れた作品を生み出すこともあって、互いの作品を鑑賞することも楽しい。自分の撮影した写真と合わせて発表する授業を見たことがあるが、学習者は自分なりの解釈で写真と俳句を説明していて満足そうであった。

　しかし、語彙の少ない初級レベルで俳句活動をさせる場合はどうだろうか。そのような例も見たことがあるが、このレベルではあまり意味があるとは思えない。その時間があるのであれば他のことをさせたほうがよい。初級レベルでも5・7・5をそろえて単語を並べることはできるが、できた作品のおもしろさやよさを鑑賞することはまだできない。教師にとってはおもしろい作品ができるかもしれないが、そのよさを学習者と共有することは難しく、学習者がその表現意図を説明する日本語力もまだ不足している。

3. 地域日本語教育に必要な作文教育とは

　地域日本語教育の「書く」ことに対するニーズは様々である。学習者の学びたいことは千差万別で、市販の教材が出ていないのは当然ともいえる。人によっては不要という人もいるだろう。子どもの保育所との間でやりとりする日誌のような記録が書けないので、何とか書けるようになりたいと言った日系の女性がいた。中には本格的に仕事で「書く」技能を使うという人、また、高校受験に作文の試験があるので、そのための準備がしたいという場合

もある。
　カリキュラムやシラバスが必要な学校教育機関以外で作文教育が求められる場合、その学習者の必要に応じて指導内容を考えていく柔軟さが求められる。

第3節　作文教材開発に着手する前にしなければならないこと

　今まで見てきた市販の教材を使用した授業ではなく、自前の教材を作って学習者に合った指導をしたいと思っても、なかなか自主教材作成まで踏みきれないことがほとんどであろう。教材作成の時間の制約であったり、試用版を印刷する際の設備の問題であったり、カリキュラムの問題であったりとさまざまな理由から断念せざるをえないことが多い。しかし、それでも作りたいと思った時、まず何をするべきかを考えてみたい。

1. 現状を把握する～作文研究会の開催

　何かを新しく始める時、とりあえず今の教育現場の現状がどうなっているのか、何が問題になっているのかを正しく理解することが重要であろう。それも自分が指導するクラスだけではなく、全体像がどうなっているのかを知っておく必要がある。そのためにはまず情報を集めることである。

▶1　仲間集め

　最初に仲間集めから始めることをお勧めする。現状の問題点を改善したいと考える仲間が一人でも二人でもいれば、それは大きな力となっていく。あまり問題意識もなく日々の授業準備に流されていると考えられる場合は、「研究会」や「検討会」といった形で、とりあえず作文に関わっているメンバーを集めて、組織における作文教育を考える場を作るのも一つの方法である。
　ここで注意すべきなのは、授業に関しては自分から望んで「作文」に関わった人もいれば、自分の興味は違うところにあるけれども、たまたま何らかの事情で「作文」担当になったという人もいるということを忘れないことである。そこで、この「研究会」は「作文」に関して組織の現状を何とかしたいと考える有志でやることが重要になる。あまり熱意がない人、後ろ向きの人が入ると会そのもののエネルギーが低下し、まとまるものもまとまりにくく

なるので、やる気のある人が気軽に参加する雰囲気作りがまず必要になってくる。

▶2 研究会でまずやること

　ある日本語教育機関内部で作文を担当する有志のメンバーによる研究会を立ち上げたとする。そこでまず何をしたらよいか。第一に現状把握をする必要がある。ありのままの授業を報告しあうことから始めてみると、発表者の負担が少なく、実際に役に立つ授業のノウハウに関する情報交換ができる。他の人がどのようなことをしているか、どのような教材を使っているか、どのようなフィードバックをしているか、これは大いに参考になる。

　自分の授業力を高めるためには、自分と同じ環境にいる人が実際にどのようなことをしているか、授業を見せてもらったり報告を聞いたりすることが早道である。特に経験の浅い教師にとって、ベテラン教師がやっていることから学ぶことは多い。マンネリに陥ってしまったベテラン教師にとっても、若い人たちが実践している試みは参考になり、刺激を受けることができる。

　開催は月に1度か2度程度が望ましい。できたら実際に使った教材を見せながらの報告がよい。学期終了後に授業報告会をするところはよくあると思うが、その場合週1回の作文の授業が1学期に15週実施されているとすると、多くて15回[1]の授業報告を短い時間でまとめてすることになる。このような報告では毎回の授業内容についてくわしく報告することは時間的に難しく、その結果、簡単な項目の報告に終わってしまいがちである。「要約文」、「手紙」などを指導したというような項目の羅列では、どのようにその記録が集積されていっても、授業の改善にはあまり役には立たない。

　毎回の指導で具体的にどのような教材を使って、それをどのような手順でどのくらいの時間をかけて導入し、実際にどのくらいの時間で書かせ、学習者はその時間内でどのくらい書けたか、また書けなかったか。書けない場合は宿題にしたのか、途中でもよいから提出させたのか。また、その後どのよ

注）

[1] 大学基準協会が求める大学の授業時数は1学期に15回で、近年これを守ることが必須となっている。よって大学に付属する機関では1学期に15回の授業を計画しなければならない

うなフィードバックをしたのか、など具体的な指導内容に踏みこんで明らかにすることが次へのステップにつながる。報告者自身にとっても自分の指導を詳細に振り返ることで、指導している時には気づかなかった発見が得られ、参加者からいろいろな意見ももらえる。

このような研究会を実施してみると、2～3学期ぐらい過ぎたところで、誰がどのような教材を使って、どのような指導をしているかの全容がわかってくる。そうするといくつかの問題点が浮かび上がってくる。

▶3　授業報告会で浮かび上がる問題点

多くの場合、担当教員は1週間に1回、1学期中に実施される全部で15回程度の授業をそれぞれ工夫して実施している。研究会では他の人に授業実践を報告しなければならないので、おもしろい試みなどを積極的に取り入れ、報告そのものも聞いていて興味深く、感心することが多い。学会の授業実践に関する発表などで自分の授業に応用できそうな試みがあれば、やってみようという刺激を受けるのと同様である。

しかし、各機関・組織の中でおこなう研究会は学会の発表のように刺激を受けるだけではとどまらない。それぞれがおこなった授業を詳細に報告することによって、授業を内省する機会になる。発表を聞いた人からの質問や感想、意見などをもらうことで改善すべき点に気づかされる。また、その結果を新しい授業に生かすことで教員個人の授業力も上がる。

たしかに、組織で実施する研究会では個々の授業力を上げることも大切であるが、最も重視すべきは組織の授業力を上げることであろう。つまりその組織で教育を受けた学習者の日本語力を確実に上げることである。それは教師個々人の努力でどうにかなるものではない。組織全体のグランドデザインがあって初めて成立するものである。

一人の教師が作文指導に熱意があり、創意工夫を凝らした授業を1学期続けたとして、次の学期はどうなるのだろうか。たとえば、ある教師はパラグラフ・ライティング指導に熱意を持って取り組み、そのクラスの学習者は3ヶ月間に及ぶ指導の成果でそれがある程度できるようになる。しかし、次の学期に上のクラスに進級して、今度は聴解に熱心な教師が担当になれば、聴解

に関しては力がついても、作文力は前の学期のレベルにとどまってしまうかもしれない。それどころか、日本語力の向上にともなう次のステップの指導がなされないために、作文力は以前のままで、前の学期でやっと身に付けたパラグラフ・ライティングの技術を忘れてしまうことがあるかもしれない。また同じように作文に興味を持っている教師がたとえばピア活動に熱心で、作文を作り上げる過程でいろいろ創意工夫のある指導をしたとしても、教師間の連携がなければ学習者の何が積みあがっていくのだろうか。

そう考えていくと、組織の授業力を上げるためには詳細な授業報告をして情報を交換しあうだけではなく、組織全体を視野に入れた「統一シラバス」の作成が不可欠であることがわかる。そこで、授業報告が一段落した後で、統一したシラバス作成に乗り出すことになる。

2. 教育機関に合ったシラバスとは何か

それぞれの教育機関には、初級・中級・上級でそれぞれ学習者のニーズにあった教育目標が存在するはずである。その最大公約数をすくいあげ、授業日数などを考えながらそれぞれの機関に合ったシラバスを作成していく必要がある。

シラバスを作る作業そのものは、前述のような授業報告会をきめ細かく実施していれば、さほど難しい作業ではない。一番問題となるのは目標設定である。予備教育機関の場合は学生を大学が実施する入学試験に合格させ、入学後に授業についていける力を養成することが最も重視しなければならない目標となる。一般の日本語学校などでは、日本留学試験の小論文でどのように書けば高得点がとれるかを考えたシラバスが指導の中心となるかもしれない。しかし、入学試験を受けなくても付属の大学に進学できる別科などの予備教育機関の場合は、受験のための小論文対策をする必要はない。

▶1 大学付属の予備教育機関に求められる作文・文章表現シラバス

予備教育機関において指導しなければならない作文・文章表現のシラバス

といえば、大学入学後に必要となるレポートを書く技術習得以前に身に付けておいてほしい基礎的なことがらである。それは決してレポートそのものの書き方ではない。レポートを書くためには様々な文章表現力が必要で、その基礎力をつけるためにはどうしたらよいかということである。

　筆者の勤務する大学の別科は付属機関であるため、学部に入学した留学生の日本語教育指導も別科を担当している教員が併せておこなうことになる。筆者は別科の作文教育に携わる前には、もっぱら学部の留学生・日本人学生に対する文章表現を担当していた。そこでの経験から、大学入学前の予備教育機関における文章表現教育に興味がわき、組織全体としてどのような指導をしていけば、学部の文章表現教育につながるかという問題意識を持つようになった。

　そこで、大学入学前の段階にどのようなことができていればスムーズに学部のレポート指導がおこなえるかという視点から、指導項目の洗い出しをおこなうことにした。

　レポートを書くことが最終目標であるならば、予備教育でもレポートそのものを書く指導をしておいた方が効果的だと思われるかもしれないが、実はそうではない。レポートと作文の一番大きな違いは、資料の使い方にある。参考文献を駆使して自分の主張をまとめていくテクニックは中級レベルの学習者には負担が大きすぎるし、そこまで中級レベルに求める必要はない。

　それよりもまず、レポートを書くときに必要となる表現力の部分練習をしておいた方がよい。それが十分身に付いていれば、最終段階でレポートへとつなげることはさほど難しいことではない。たとえば段落構成を意識できること、「である」体で文章が書けること、文章要約を元の文の引き写しではなく自分の言葉でできることなどの力があれば、レポートの書き方指導はスムーズに進む。

▶2　国語教育における作文シラバス

　レポート作成という最終目標を定めて、そのために必要な文章表現力を積み上げていく視点は、日本の国語教育における作文指導にも欠けているといえる。筆者は1990年代のはじめごろから日本人大学生に対する文章表現教

育も担当するようになった。その経験を通じて、日本人大学生の文章表現力の実態を知ることになり、教育の最終段階である大学で学ぶ学生たちの多くが受けてきた作文指導は大層危ういものであるという印象を受けた。作文指導を受けたとしてもそれは単発的であることが多く、最終目標を考えて作文力を積み上げていくという意識が感じられなかった。彼らに聞いてみると、文章を書かされた記憶は中学校以上であれば夏休みの宿題に読書感想文を書いたという者が多い。高校3年生になってから受験対策として小論文の書き方を学んだという者もいた。

このことから、日本の小学校・中学校・高等学校でおこなわれている国語科における作文教育にも興味を持つようになった。その後1年の研究休暇を使って国語科における「作文」指導はどうなっているかについて研究する機会を持つことができた。

その結果わかったことは、国語教育における「作文教育」は小学校・中学校・高校とそれぞれが独自の世界を築いていて、それらの間につながりがないということだった。大学・社会人という最終目標に向けてそれぞれのレベルでどの段階までどのような力をつけていくかという一貫した発想がないように思えた。

それぞれが独立して完結した目標があるようで、小学校でもすでにレポートの書き方などが指導項目に入っている。実際に指導しているかはともかく、そこまで教えなくてもよいのではないかと思える細かい書き方の指示が教科書に載っていたりする。しかし一方で、筆者が大学で担当した「文章表現法」の授業で指導した日本人大学生たちの中には、本来であれば小学校で身に付けてきてほしい「段落意識」が身に付いていない学習者が多いという現実がある。

12年間という長い学習期間を考えた場合、それぞれのレベルで完結した目標を総花的に目指すよりも、最終目標を設定して、そこに至るまでに最低クリアしておかなければならない目標をそれぞれのレベルで明確に定め、そのうえの目標は次のレベルに委ねるという視点が必要なのではないかと、その経験から考えるようになった。積み重ねられていく部分によって最終目標は支えられ、その結果最終目標の達成が容易になる。そういう発想を持って全体のシラバスを考えていかなければならないと思う。

国語教育の場合、義務教育が中学校までなので、最終目標の設定をどこにするか難しい面もあるが、上級学校への進学者が圧倒的に多くなった今、小学校・中学校・高校・大学という縦の関係でシラバスを考える時期に来ているのではないか。

他方では、一貫教育を打ち出す私立校の中に中学・高校で連携して作文教育を考えていこうという動きもあり、国語科の作文教育に関しては私立を中心に新しい試みがなされている[2]。また公立の中・高一貫教育校も近年作られ始めているので、従来型の作文教育の改革が期待される。

3. 目標設定とシラバスの作成

作文指導の目標設定は教育機関によって多様であってよい。それは学習者が何を目標にしているかによって当然変わってくる。ここでは、学部進学後に必要となる日本語表現力の習得を学習目標とする教材開発に限定して考えていく。

▶1　レベル別目標設定とシラバスの決定

作文指導の目標設定とシラバス作成の具体的な項目として考えたのが次頁の表1にあるものである。学部で長年教えていた経験から、最終目標の設定は明確になっていたので、そこに至るまでのレベル別の細かい目標作り、そのために必要な具体的な指導項目作りをおこなった。つまり、このシラバスは最終目標を達成することを考えて作られたトップダウン方式のシラバスであるところに特色がある。

作文研究会のメンバーと相談しながら、それぞれの詳細について決めていった。シラバスの核は大学でレポート作成に必要となる技能を支える「要約文」、「意見文」、「グラフ解説文」と日常で使う「手紙文」の4種類にした。

時間と余裕があればそれ以外の表現指導をおこなうこともちろん可能である。しかし、教育において常に考えなければならないことは、ベストな内

注〉
[2]　鏑木かすみ(2005)参照

容ではなくベターな選択である。限られた時間の中で指導項目を決めなければならない事情はどの教育機関にも共通のことである。必須の要素を精選した効率のよい指導、また、多様な種類を課すよりも厳選した内容を確実に身に付けさせる方法という二つの視点が重要である。

表1にある＜基礎＞レベルとは日本語初級の教科書の前半の部分から始める、日本語未習者のレベルをいう。また、＜初級＞レベルとは日本語が未習ではないけれども中級に進む力が不足している、つまり初級項目全般の定着が悪い、もしくは初級教科書の後半から学習を開始するレベルである。

以下に、作成した指導シラバス例を挙げる。

【表1】「文章表現」指導シラバス[3]

1．レベル別教育目標

レベル	指導例	指導目標・指導項目
基礎	作文指導は学習者の様子を見て開始する。クラスの学習状況によってはそのための時間を設けて指導をおこなわない場合もある。	1）既習の文型・語彙を使って200〜400字程度のまとまった表現ができる。
		2）表記法の規則にそった文が書ける。
初級	1週間に最低1回は文章表現に関する授業をおこない、添削などの指導をおこなう。特に1コマ90分を「作文」の時間にかける必要はなく、教科書を進める授業の中で適宜指導していく。	1）既習の文型・語彙を使って400〜600字程度のまとまった表現ができる。
		2）表記法の規則を間違えずに正しい文が書ける。
		3）連体修飾句を使った表現ができる。
		4）接続助詞などを使って、句と句の連接ができる。

注〉
[3] 村上治美(2003)

中級	1週間に最低1コマ90分は文章表現に関する授業をおこない、添削などの指導をおこなう。600字〜800字程度の文章を書くことができる。	1）文体（です・ます体／である体）の使い分けができる。
		2）接続詞・代名詞・くりかえしなどを使って文と文の連接ができる。
		3）連用中止法を適切に使うことができる。
		4）適切な箇所でその内容に合った漢語表現が使える。
上級1：学部進学者	大学生活で必要な文章表現技術を身に付ける。	1）文章間の関係を明確に意識した構成ができる。
		2）目的に合った構成方法をとることができる。
		3）レポートの書き方を習得する。 　①　レポートの構成（章立てのある文章）ができる。 　②　人の文章と自分の文章の違いを明確にし、引用部分には正しく注をつけることができる。 　③　参考文献をつけることができる。
上級2：学部進学者以外	社会生活で必要な文章表現技術を身に付ける。	1）儀礼的な手紙を書くことができる。 儀礼的な手紙の形式を駆使し、目的に合った手紙が書ける。 　①　礼状　②　依頼状　③　詫び状など
		2）プレゼンテーションのための資料を作ることができる。
		3）言語表現を使った遊びを楽しむことができる。

2．共通指導項目

各レベル（基礎・初級・中級）において1学期15回の指導で、以下の1）～4）の項目を教材化して指導する。

レベル	指導例	指導目標・指導項目	
1）要約文	初級：教科書に出てくる文章を使っておこなう。	指導目標	簡単な文章の構成を整理して、要旨を簡潔にまとめられる。
		指導項目	連体修飾句
	中級：学習者の負担を軽減するために、メインテキストの読解学習で読み終えた文章（1,500字程度）を使うことが望ましい。	指導目標	ある程度長い文章の構成を理解し、段落要約から文章要約を導くことができる。
		指導項目	複雑な構成の連体修飾文が書ける。
2）グラフ解説文	初級：「～くなります」の表現を学習後。	指導目標	課題のグラフを見て、変化している事象を既習の形容詞・動詞を使って表現できる。
		指導項目	変化の表現・「どんどん・ますます」などの副詞表現
	中級：	指導目標	事実の説明（グラフ解説）と事象の分析の2段落構成の文章が書ける。
		指導項目	変化している事象を三つ以上の句からなる複文で表現できる。正確なだけではなく、多様なグラフ解説表現ができる。

3）意見文	初級：	指導目標	事実文と意見文の違いを理解し、述べ方のモダリティーに関わる多様な文末表現を使うことができる。
		指導項目	「〜と思う／〜なのではないか／〜にちがいない」などの使い分けができる。
	中級：	指導目標	相手を納得させるために、賛成・反対のそれぞれの立場で原因・理由を明示した意見文を書く。
		指導項目	原因・理由の表現や論理関係を明確にする接続詞を使って、論理的に展開する文章を書く。
4）手紙文 各レベル共通の課題：春学期は「暑中見舞い」、秋学期は「年賀状」を扱い、住所・宛名の正しい書き方などを指導する。	初級：	指導目標	簡略化した手紙の形式（名前・日付などを書く場所）を知り、簡単な近況報告を書く。
	中級：	指導目標	「前略」「草々」を使った手紙の形式を知り、近況報告を書く。
	上級：	指導目標	「拝啓」「敬具」を使った手紙の形式を知り、敬語を適切に使った近況報告を書く。

▶2　シラバス作成後に起こったこと

　このシラバスを学期が始まる前の担当講師会で配布し、主旨などの説明をした後、これにそった作文指導をするように担当教師に依頼した。
　そして、授業が始まって1ヶ月後の第1回の研究会で何が起こったか。
　実は何も起こらなかったのである。今までどおりの報告が続いた。授業報告は今までと変わらなかった。つまりシラバスを配布しただけでは何も変わらないということがわかった。
　配布してすぐでは難しいが、いずれ変化は起きるかもしれないと1年ほど待ったが、変化はなかった。強いていえば、報告の要所にシラバスの項目を引いて、この活動はシラバスのここの部分を意識しておこなったものであるという説明が加えられた点が、このシラバスを配布したことによって生じた変化であった。
　シラバスの上に活動を組み立てていくのではなく、従来の活動にシラバスの該当箇所を当てはめ、シラバスを達成しているような形にするというのが現実だった。そこにはこちらの説明のし方、実行方法にも問題があったかもしれない。
　しかし、よく考えてみると、表にあるような抽象的な項目が並んでいるシラバスを渡されて実施を依頼されても、日々の授業に追われている中で個々の教師に何ができるというのだろうか。シラバスに書かれた内容が必要なことであると理解していても、実際に実行する段になると、教師個々人の考え、力量・関心のあり方などさまざまなファクターがからんで、シラバス作成者が当初考えていたようには進まないことに、今さらながら気づかされた。
　ではどうしたらよいか。そこでやっとシラバスを実行に移すためには共通に使える「教材」の縛りが必要であるという結論に達したのである。

4. 学習者が使うメインテキストとの関連

　2001年に中級作文教材の開発を始めたとき、最初から作文教材単独の作成を考えていたわけではない。どこの教育機関でも同じかもしれないが、授業時間の大半はメインテキストを用いた読解・文法・文型・漢字語彙などの

指導に使われ、聴解・作文・話し方などの指導はメインテキストを使った授業の合間におこなわれている。

　中級に関して最近ではメインテキストの中に表現や聴解・速読などのタスクを取り入れて、総合力を高めることを目的にした教科書が作られるようになった。『日本語中級 J501―中級から上級へ―』（土岐哲・関正昭・平高史也・新内康子・石沢弘子著　スリーエーネットワーク　2001）や『ニューアプローチ中上級日本語完成編』（日本語研究社教材開発室　小柳昇　日本語研究社　2002）、『みんなの日本語中級Ⅰ・Ⅱ』（スリーエーネットワーク2008・2012）には各課に表現に関するアクティビティのタスクがついていて、学習した語彙や内容と関連させることができるので、指導者は教科書に出ているタスクを「作文」の授業として扱えば、語彙や文型の導入の必要がなく、効率よく作文を書かせることができるように工夫されている。

▶ 1　『日本語中級 J501―中級から上級へ―』の作文タスク

　たとえば『日本語中級 J501―中級から上級へ―』の作文タスクはどうなっているか。全10課それぞれに「読むまえに／本文／読み方のくふう／本文理解のＱ＆Ａ／文法解説／練習問題／ことばのネットワーク」があり、その後に「書いてみよう／話してみよう」という表現に関する活動がある。「書いてみよう」に関しては「意見文」やエッセイを書く課題が出されていて、アウトラインが提示されている。書く内容に関しては調べたことではなく、自分自身で考えたことが中心である。たとえば２課「訴えたいこと」、３課「自分の経歴」、４課「好きなことば」といったテーマで文章を書く。

　「話してみよう」は「書いてみよう」の後に扱うことを想定している。たとえば全部で10課あるうち１課・２課・６課・７課・８課・10課の６課分が書いた内容を話してみようというアクティビティである。７課のように「『書いてみよう』で書いたことを発表しましょう。聞いた人は発表されたことについて質問したり、意見を言ったりしましょう。」という指示があるだけの課もある。

▶2 『ニューアプローチ中上級日本語完成編』の作文タスク

『ニューアプローチ中上級日本語完成編』全12課の構成は、「本文を読む前に／本文／本文設問／本文新出語／単語の意味の確認／文型・表現／練習／発展（話し合い／作文）／関連語の学習／単語のまとめ／聞き取り練習」となっていて、このうちの「発展（話し合い／作文）」が表現のための応用練習になっている。そこではいくつか「・・・について考えましょう」という指示があるだけで、話す活動にも書く活動にも使えるようになっている。たとえば第1課は「カタカナ言葉について考えましょう」と「『自立した大人』について考えましょう」と書いてあり、その下の質問に答えていくことにより、まとまった文やスピーチができるようになっている。

▶3 『みんなの日本語中級Ⅰ・Ⅱ』の作文タスク

『みんなの日本語中級Ⅱ』は『みんなの日本語中級Ⅰ』の後に使われる教科書で、前述▶1、▶2の教科書以上に「話す・聞く」、「読む・書く」を総合的に学ばせることを意図して作られた教科書である。

インプット学習とアウトプット学習を効率よく組み合わせた構成になっていて、前半の初中級学習者対象の教科書に当たる『みんなの日本語中級Ⅰ（1課～12課）』では最初に「文法・練習」で文型・文法項目を確認した後、「話す・聞く」、「読む・書く」で実際の場面に即して学ぶ。後半の『みんなの日本語中級Ⅱ（13課～24課）』では書き言葉を重視する構成に変わり、「読む・書く」が先に来て、「話す・聞く」があり、その後に「文法・練習」がある。

「書く」指導でいえば、「読む・書く」の最後に「チャレンジしよう」の項目があり、文を書く課題がついている。『みんなの日本語中級Ⅱ』では課題のすべてにアウトラインが提示してあり、最初から構成を意識した文章表現指導を試みている。課題の種類も多彩で、身辺のことを綴るエッセイ（13課）から、説明文（14課・17課・19課）、ニュース・雑誌記事（16課・20課）、シナリオ（18課）、意見文（15課・21課）、手紙文（22課）、その他（23課・24課）となっている。

▶4　主教材についている作文タスクで文章表現力はつくか

　▶3で紹介した「書く」指導例は効率よく作文・文章表現を習得するためのものではない。教科書の本文に依拠するそれらのタスクは、教科書で学習した項目を応用するための活動という観点から作られていて、中級レベルの作文シラバスの全体を意識して作られているわけではない。

　全課にある作文の課題をこなしたとして、文章表現技術としてどのようなことができるようになるのだろうか。次に何が続くのだろうか。「作文」はどのような文章を書かせても、書いたものを添削して清書させるなどのフィードバックをすればそれなりに「書く」力はつく。それで終わったとしても、学期末の授業報告書に「作文」の実施項目として活動内容をまとめることはできる。しかも指導した効果としてテキストの語彙の定着や理解を深めることができたという報告をすることができる。

　しかし、中級レベルの「作文」指導として扱わなければならない一貫した指導項目の点からいえば、メインテキストに付随している作文指導は別のものと考えたほうがよい。

5. 教材開発当初の計画

▶1　総合教科書作成の試み

　そこで教材を開発しようと考えた当初は中級のメインテキストを作りつつ、その中にグランドデザインを持った作文シラバスを達成するためのタスクを盛り込めないかということを考えた。

　中級レベルで作文を書かせようとしたら誰もが抱える問題であると思うが、中級では表現しようと思う内容がより重要になってくる。そのためにはテーマに関係するある程度の知識・関連語彙・文型などを日本語で理解していなければならない。しかし、それが中級レベルではまだ十分ではないためにそれらを補うことに時間をかけざるをえず、そうすると表現活動の回数が減ってしまうという問題が生じる。

　学習者がすでに持っている言語力で対処できるタスクでは、中級レベル以

上になると物足りなくなり、さらに複雑な内容を表現することが求められる。たとえば自分の国の教育制度の説明を課題に出した場合、初級レベルであれば学校の種類と修業年限などが紹介できれば十分である。しかし、中級ではさらに複雑な内容に踏み込んで説明できる表現力・語彙力が必要となる。

そこで、他の教科書でなされているように、語彙・知識に関してはメインテキストで扱い、それらの語彙・文型などを実際に使った作文タスクに関しては、表現シラバスとしての統一性を持った欲張った教材を作りたいと当初は考えたのである。

▶2　総合教科書作成の試みが頓挫した理由

だが、この試みはすぐに頓挫した。その理由は実に単純なことであった。組織における統一シラバスは個々のクラス向けにあったのでは細かすぎるので、レベル別に作られている。しかし、筆者が教えている機関では、同一のレベル、たとえば中級のレベルに属するクラスは複数設置されている。その中の学習者の能力差は当然あるので、複数のクラス全体が一つの教科書で学習するのでは、多くの学習者から不満が出て学習効率も上がらない。したがって同じ中級であってもクラスによって2種類の教科書を使い分けている。

つまり、中級レベルに全部で3クラスあった場合、一番上のクラスと一番下のクラスのテキストは違うものを使い、真ん中のクラスは学習者の実力がどちらに近いかによって上と同じものを使ったり、下と同じものを使ったりする方法をとっている。

そうすると新しく開発しようとしている教科書は2種類作らなければならないことになる。また、学習者によっては最初の学期は中級の下のレベルにいたが、次の学期に上級に行けるほどの力が伸びず、同じ中級レベルの上のクラスに進むという学習者もいる。

したがって、現在筆者が教えている機関では中級の上のクラスで2種類、下のクラスで2種類の教科書を学期ごとに交互に使うことを前提に教科書を選んでいる。重複してそのクラスに所属する学習者がいる場合、前の学期の教科書が使えないからである。つまり現行の体制であれば4種類の教科書を作らなければならないことになる。

それが理想であるとは思うが、作文教材作りのためだけに、最低２種類の中級教科書を作成するのはあまりに負担が大きすぎると判断し、方向転換することにした。つまり、日本語の授業で主教材として使用する教科書は市販されているものの中から毎学期学習者の能力に合ったものを選ぶこととし、一方、「作文」に関しては主教材とは関係なく単独で開発するという方針に切り替えたのである。

▶3　「教科書」の形で作ることにした理由

　全体のシラバスを効率よく実践するためには、指導項目に基づいて授業で使える形にした教材、それも単発的なものではなく「教科書」の形になったものを作らなければならないというのが、研究会を５年間ほど続けて得た結論であった。

　なぜ「教科書」の形でなければならないか、この点について、たとえば「要約」を例に考えてみる。「３．▶２　シラバス作成後に起こったこと」（p.30）で述べたように、シラバスに則って、どのクラスでも「要約」指導をすることになり、授業報告でもその結果が報告された。しかし、回数・指導方法などがそれぞれのクラスで違い、まだ点が線になっていかないという問題点が残った。つまり、「要約」する力は１回指導したからといって身に付くものではなく、くりかえし何度も指導していかなければならない。そのためには「教科書」の形にして、レベルごとに回数・指導方法などを統一しなければ、授業運営は難しいということが明らかになったからである。

　また、授業のたびに学習者に必要なプリントを配布するのでは、毎回担当者が教材を印刷して準備しなければならず、学習者も配布された教材を紛失するおそれがあり、以前使った教材をくりかえし見て確認する際に不都合が生じるという問題もあった。

　そこで一冊の教科書の形にした教材を作ることにした。

6. 教科書作成前に決めておくべきこと：執筆者の決定

　教科書の形で教材を作ろうと決めたあとで、次に決めておくべきことは誰が、誰と作るかということである。

　教材作成に関わる作業は大きく二つに分かれる。一つは教材そのものを実際に作成する執筆者の仕事と、できた教材を授業で使って手直しのためのフィードバックをする協力者の仕事である。協力者の仕事は複数でおこなわなければならないが、執筆者は複数の場合と単独の場合がある。

　ある組織や機関で使うことを目的に作る教材の場合、その教材を主に使うグループで作ることが理想であると思われる。しかし、市販を視野に入れた教科書作成の場合はどうであろうか。

　市販しないのであれば厳密に決める必要はないが、市販を考えた場合執筆者と協力者の関係は明らかにしておいた方がよい。本の出版にまでこぎつけるためには、執筆するだけではなく、編集者と細かい打ち合わせをしたり、本の体裁を整えたり、何度も校正したり、最終的な判断を下したりと執筆責任者は目に見えにくい気苦労の多い仕事をしなければならない。ただアイデアを出しただけの人が同列に執筆者となることで、苦労した執筆責任者は間尺に合わないと思うこともある。

　何人かで執筆した場合は、それぞれ等分に力を尽くして一冊の本を作るということは考えられず、その間に注がれる労力には濃淡が生まれる。しかもこの「労力」というのは主観的な感覚であって、人によっては大変なことではないと思えることでも、人が違えば同じ労力であってもそうではないと受け取る場合もある。

　以上のようなことを考えると何人かが共同執筆者になっている教科書を見るたびに、それぞれ執筆者たちはどのように役割分担をし、どのような思いを抱いているのかと想像することがある。共同執筆者として名前が並ぶと、それぞれに違ったはずのかかわり方が均一に並べられてしまう。市販しなければ、さほど大きな問題にならなかったことが、市販されたことによって著作権料が発生し、場合によっては執筆者間で大きなトラブルを招くこともある。

したがって、教科書を作る際はまず市販するかどうかを決め、誰を共同執筆者にして、誰を協力者にするかといったことを厳密に確認しあって始めた方がよい。
　もちろん教科書というものは多くの人に使われてこそ価値が出るものである。作られた教材をよりよいものにするためには、世に出す前に何度も試行して、その結果をフィードバックして手直ししていかなければならない。しかし、試行の段階と著作権がからむ公刊の段階では、トラブルを避けるためにも厳密に線引きするべきである。
　試行の段階で協力を仰いだ人々には謝意を表する必要があることはいうまでもないが、それらの協力者に著作権が生じないことは本人にもはっきりと伝え、後で不満が残ることがないよう細心の注意をはらう必要がある。

7. 教科書で使用する文章をどうするか

▶1　著作権の問題

　教科書で使用する文章を決める時に一番大きな問題となるのは、著作権の問題である。教科書に他人の文章を使用する場合は、その文章の著作権者の許可を得なければならない。特に、上級レベルでは、新聞や雑誌などの生の文章が理解できることが求められるため、教科書にも実際に読まれている文章をそのままの形で掲載することが多い。この場合、原文をそのまま掲載するため、比較的許可が取りやすい。
　しかし、中級レベルの教材となるとそう簡単にはいかない。中級レベルでは、新聞や雑誌などの文章はそのままでは難しすぎるため、ある程度加工して使うことが前提となるが、加工した文章は著作権者から許可が降りないことも多い。その場合は、教科書の執筆者がレベルにあった文章を自分で書くことになる。

▶2　中級表現教材に生教材が使えない理由

　作文教材という視点で生教材を見ると、そのまま使えない理由は他の場合と少し異なる。それは「構成」の問題である。生教材の文章は内容に関する漢字語彙・文型以外に、文章が長すぎたり、構成に問題があってそのまま使うことが難しい場合がある。

　「構成」に関して一番問題になることは、生教材には「まとめ」の部分がない文章が少なくないことである。たとえば、中級教科書としてよく主教材に使われている『ニューアプローチ中上級日本語完成編』の「1課　カタカナ言葉」や「4課　4つ目のR」は、学習者にとってわかりやすい「まとめ」の文がある文章とはいえない。この教科書は本文の文章を使って文型・語彙を教え、読解指導をするために作られているので、そのこと自体が大きな問題とはいえない。しかし、文章表現教材のモデルとして提示するには問題がある。それは「構成」がレポート作成を指導する前に学習者に覚えてもらいたい重要な項目の一つだからである。

　文型・文法を教えることが中心の教科書であれば、「この文章には『まとめ』の部分がないので、まとめを書いてみよう、考えてみよう」というタスクを与えることができるが、表現を指導する教科書ではできたら避けたい。

　文章の内容がわかりやすく、教材に適していると思われる場合でも、最後に「まとめ」の段落がないので使えないと思うことがある。書き換えをして使用許諾申請をすることはできるが、最後の部分に違う人が書いた文章を付け加えると文章全体のバランスが崩れることもあって難しい。

▶3　教科書で使用する文章を書く際に注意すること

　そこで、筆者は原則として教科書で使う文章はすべて自分で書いたものを使うことにした。文章を中級レベルに合わせて書き換える際に著作権者に了解をとる必要がなく、文型・語彙などをコントロールしながら指導に必要な項目を盛り込み、構成に配慮した文章を使うことができるからである。

　便利だといっても、すべてオリジナルで本文から練習問題まで書き下ろすのは大変である。文章はただ文が並んでいるのではなく、表現したい「内容」

が必要だからである。「表現」の教材の場合、表現上の模範となればよいので、「読解」や「聴解」の教材ほど「内容」のおもしろさや新しさを求める必要はないかもしれない。しかし、できたら学習者にとって有益な情報があり、興味の持てる「内容」の方がよい。

　そこで、まず話題を選ぶ基本方針として主教材で取り上げるテーマと近いものを考えることにした。主教材で学習した単語や類似の語彙・表現をくりかえし使うことになるので、学習項目が定着しやすいというメリットがあるからである。

　話題をいくつか決めたあと、本やインターネットなどの資料を参考にして文章を作成した。文章を書く際、参考にした資料にある文をそのまま写して書かないように注意し、文章の構成・内容・アイデアに関しても、数種類の資料をもとに自分なりに再構築したものになるよう書き下ろした。そして、依拠した資料や文献は参考文献として文章末に掲げるようにした。

第4節 作業に取りかかる前に

1. 出版の是非を決めるポイント

　教材作成前に出版すると決めたからといって出版できるわけではない。出版するためにはまず出版社の編集会議等で承認してもらう必要がある。出版する教材を探している出版社はどのような点を重視しているのだろうか。

　筆者の所属する機関には付属の出版社（東海大学出版会）がある。また、それとは別に学内に印刷業務課があり、簡易製本の本はそこに注文すれば安価に作ることができる。本の厚さ（ページ数）にもよるが、『日本語中級表現』の試用版は数万円の費用で200部程度印刷し、学習者に無料で配布することができた。これらはとても恵まれた環境であると思う。

　東海大学出版会では日本語教育関連の出版物として東海大学留学生教育センター[4]が『日本語中級Ⅰ』（1979）、『日本語初級Ⅰ・Ⅱ』（2002新装版）と『日本語口頭発表と討論の技術』（1995）をすでに出しており、『留学生の数学Ⅰ・Ⅱ』（1991）・『留学生の物理学』（1989）・『留学生の化学』（1988）・『日本の大学をめざす人の生物学』（2003）などのシリーズもある。最近では留学生教育センター40周年記念の刊行物として『日本語教育法概論』（2005）を出版した。特に『日本語中級Ⅰ』はすでに出版して30年近くが経過しているにもかかわらず、今でも売れているロングセラー本で、そのおかげもあって留学生関連の書籍に対して出版会は好意的である。

　東海大学出版会には大学機関関係の教科書は原則として出版するという方針があるとはいえ、出版会の編集会議で出版を認めてもらわなければならない。担当者の話によると、編集会議を通すための決め手は「類書があまり出ていない」ことで、この件さえクリアできれば原則として反対されることはないということだった。

　これは大変恵まれたケースであると思うが、使ってみて手ごたえのある教材ができて、類書が少なく、独創性の高いものであれば、日本語教育関係の

注〉
[4] 2009年に組織改編があり、現在は東海大学国際教育センター日本語教育系

出版社に原稿を持ち込んでみるのも一つの方法である。「出版」という大きな目標ができれば、作業にかける意気込みも違ってくる。

　編集担当者に試用版を見せた際、それまでＡ４版で作っていた試用版をＢ５版にすることを提案された。市販されている教科書の多くはＢ５版で、店頭に並ぶことを考えると初めからＢ５版で試用版を作った方がよいことがわかった。これは教科書を市販する時に必要となる留意点だが、教材を作成する側は考えてもみなかったことであった。このように市販すると決めることによって教師以外の立場の人間からのアドバイスを受けられることも貴重である。

2. 中級表現教科書における新しい視点１：
　　到達目標を意識した指導

　前述のように、市販することを想定した場合「類書がないこと」が重要になってくる。つまり新しい視点・切り口の教科書でないと、出版にこぎつけることは難しいといえるだろう。

　『日本語中級表現』の独自性は、アカデミック・ジャパニーズという到達目標を意識した作りであることと、「話し方」と「文章表現」授業の連携を目指す教科書であることの２点である。

　「３．▶１レベル別目標設定とシラバスの決定」（p.25）で述べたとおり、この教科書の根底にあるのは到達目標を意識したシラバスである。また、その目標を達成するためには最初の段階でどのような練習が必要かを考え、項目の指導を１回で終わらせずに何回もくりかえして定着を図る。その際、学習者が飽きてしまわないように多様な練習方法を工夫する。そのような一連の練習ができて初めて目標に達することができる。

　たとえば、学部でレポートの書き方を教えていると、中級までの要約文の指導の際に「コピペする[5]」ということを徹底的に指導しておかなければならないと痛感する。レポートでは調べた事実を紹介する時にしばしば要約引用をすることになる。この時に「コピー＆ペースト（剽窃）」ではなく、

注〉
[5]　コピペ（剽窃）とは元の資料の文章をコピーしてそのまま自分の原稿の中にペーストすること

要約引用の形で文を書く技術を習得していることが望ましい。正しい要約引用の文を書くためには、元の文のポイントの文を切り取って並べるのではなく、そのポイントの部分をもとに自分なりに書き換えた文を書かなければならないということである。

では、「要約」に関して、すでに市販されている『表現テーマ別にほんご作文の方法』（P.11 参照）、『改訂版留学生のための論理的な文章の書き方』（p.13 参照）ではどのように指導しているだろうか。

たとえば『表現テーマ別にほんご作文の方法』の「要約文」の指導は16番目のユニットにある。そこで紹介されている「作文技術」は「表現するときのポイント」として「名詞修飾を使う・文と文をつなぐ・指示語『これ、それ、この〜、その〜』を使う・適切な順序で表現する」が挙げてあり、「要約の手順」があって、練習問題がついている。

『留学生のための論理的な文章の書き方』では6課に「要約」がある。最初にこの課の目的が明示され「レポートなどで他人の文章を要約して引用する場合がある」と書かれていて、要約の技術を今後どのように使うことができるかがわかる点はよい。しかし、実際の指導としては手順が書いてあるだけなので、学部に上がった際に必要となる中級の学習者が要約するための技術として身に付けておいてほしい「元の文章をそのまま切って貼った文を書いてはいけない」という項目を習得することは難しい。

しかし、既製の教科書は最終目標を意識して作られているわけではないので、一般的な「要約」の手順の指導で終わっているのは当然ともいえる。したがって、新しく作る中級表現教科書は、アカデミック・ジャパニーズで必要な日本語表現力を中級段階でどのように身に付けていけばよいのかということを中心に置くことにした。

3. 中級表現教科書における新しい視点２：
「話し方」授業との連携

▶ 1 中級における話し方指導と文章表現指導の関係

　筆者の所属する日本語教育機関では2001年当時、中級の話し方全体を統括する責任者はおらず、口頭表現に関しては統一シラバスも作られてはいなかった。文章表現と話し方指導は別々におこなわれていて、授業を担当する教員もそれぞれ違い、二つの授業で連携がとられることはなかった。

　中級クラスの場合１週間に15コマ（１コマ90分×１日３コマ×月曜日〜金曜日５日間）日本語の授業があるうち、授業の中心は主教材を使った読解・文型・文法指導で、そのうち各１コマが「書く」「話す」に充てられていた。「聴く」がＬＬ教室での指導に２コマ充てられていたのに比べると、当時「表現」はあまり重要視されていなかったともいえる。それぞれが単独でおこなわれていたこともあって、アカデミック・ジャパニーズに必要な表現力を効率よく高めることは難しいように思えた。

　たとえば『日本語中級表現』を使う以前の、ある中級クラスの授業報告[6]によると、「話し方」の授業では、あるクラスでは「ディスカッション・ディベート」、「電話・依頼・許可・陳謝」の場面で使う会話、「グループごとにミニドラマ」を、別のクラスではインタビューをおこなったという。このうち話し方で「ディスカッション・ディベート」をおこなったというクラスの文章表現指導はどうなっているかを見ると、前述の『留学生のための論理的な文章の書き方』を教材として、スピーチ原稿・感想文・要約・意見文などを書いたとある。

　しかし、それぞれがバラバラにおこなわれていて、何かまとまった力を育成していこうという軸が見当たらない。文章表現に関しては統一シラバスがあったので、それに合わせた指導が試みられているクラスもあったが、そうではないクラスもあった。

　そこで、限られた時間内で少しでも内容のある表現活動をさせたいと考え、

注〉
[6]　『2003年度秋学期授業報告書』東海大学別科日本語研修課程

両者を連携した授業構成を検討し、それに合わせて指導する教科書を作ることによって、中級における「表現」の力をもっと効果的に習得させられるのではないかと思うに至った。

▶2 「話し方」と「文章表現」指導の連携を目指す教科書を作る

　初級レベルでは「書く」ことと「話す」ことでは指導項目が違うので、目標も別に立てて指導する方が効果的であろう。しかし、中級以降は両者の到達目標が「アカデミック・ジャパニーズへの橋渡し」であるとするなら、重なる部分は多くなる。特に「内容」を重視した準備段階で必要な「知識・語彙・文型」などは共通であることが多く、「書く」ことと「話す」ことを連携させていった方が指導の効率が上がると思われた。

　そこで、文章表現と口頭表現の指導を連携させながら「要約表現」、「グラフ解説表現」、「意見表明表現」を柱とする中級表現教科書を作成することにした。柱となるシラバスが文章表現側から発想されたものであるという点は、この教科書の弱点となることになったが、それまでにない独自性のある教科書の可能性が見出され、「類書がない」という出版に向けての条件をクリアすることができた。

第2章
作る

はじめに

　ここでは実際に作成した中級用の教科書と上級用の教科書の作り方と、作られた教材の使い方を具体的に見ていくことによって、作文教材をどのように作り、指導していくかについて考えてみることにする。

　中級用教科書『日本語中級表現』は第1章で述べたように、初級を終了したレベルの学習者が中級日本語を勉強しながら学ぶ「表現」のための副教材として開発した教科書で、2010年9月20日に東海大学出版会から出版された。

　また上級用教科書『日本語1』は、東海大学に入学した留学生が1年生の1学期に履修する「日本語1」という授業のために作られた教材（日本語能力試験N2レベル）で、この授業を担当する専任教員4人（北村よう・斉木ゆかり・田口香奈恵・村上治美）で作成したものである。口頭表現班（斉木ゆかり・田口香奈恵）がゼミ発表を、文章表現班（村上治美・北村よう）がレポートの書き方の執筆を担当している。この教科書は学内用に作成され、学生には無料配布されており市販されていない。

第1節　『日本語中級表現』の構成について

1. 基本的な Unit の決定

　『日本語中級表現』の構成は以下にあるとおりである。前章で述べたように、この教科書は後から口頭表現活動を取り入れた関係で、教材作成当初からこの構成を考えて作っていたわけではない。しかし、基本的な部分は第1章で述べた「文章表現」指導シラバス（p.26）をもとにしており、それにそって具体的な活動・練習の部分をどうするかを考え、実際の授業で使いながら少しずつ作り、使い、手直しをし、4年近い試行を経て最終的に以下のようになった。（以下の【教材例―❶～㊳】は『日本語中級表現』より。）

【教材例―❶】『日本語中級表現』の内容構成

```
はじめに　日本語の文章の書き方について


Unit 1　要約文から演習発表へ
 Ⅰ. 要約文の練習
   基礎練習1　要約文とは何か
         2　要約に使う表現練習
   応用練習1　文章の構成を考える
 Ⅱ. 口頭要約発表の練習
   基礎練習1　口頭要約発表とは何か
         2　口頭要約でよく使う表現
         3　口頭要約発表をしてみよう
   応用練習1　文章からメモへ
         2　メモから文章を作ってみよう
```

Unit 2　グラフ解説文からプレゼンテーションへ

Ⅰ．グラフ解説表現の練習
　　基礎練習　1　グラフ解説文とは何か
　　　　　　　2　グラフ解説の口頭表現
　　応用練習　1　複数のグラフを使った説明（口頭表現）
　　　　　　　2　グラフ解説文まとめ（文章表現）
Ⅱ．プレゼンテーションの練習
　　基礎練習　1　プレゼンテーションとは何か
　　　　　　　2　プレゼンテーションの準備（インタビュー）
　　応用練習　1　プレゼンテーションをしてみよう
　　　　　　　2　人の発表を聞く
　　　　　　　3　事実報告を中心としたレポートの書き方（文章表現）

Unit 3　意見文からディベートへ

Ⅰ．意見表明のための練習
　　基礎練習　1　意見の言い方
　　　　　　　2　意見文の書き方
　　応用練習　1　パラグラフ・ライティング：構成を考えてから文章を書く
　　　　　　　2　スピーチをしてみよう
Ⅱ．ディベートの練習
　　基礎練習　1　ディベートとは何か
　　　　　　　2　ディベートでよく使う表現
　　応用練習　1　ディベートの準備
　　　　　　　2　ディベートの評価
　　　　　　　3　レポートの書き方

　この教科書の中心は、文章表現シラバスの柱である「要約文」、「グラフ解説文」、「意見文」で、それぞれで一つのUnitを立てた。「Unit 1　要約文から演習発表へ」、「Unit 2　グラフ解説文からプレゼンテーションへ」、「Unit 3　意見文からディベートへ」は、その中に関連した口頭表現活動を入れて一つのUnitとし、それらを中心に教材を作成していった。

三つの Unit を並べる順番を考えた結果、レポート・ゼミ発表で使う最も基本的な技術で、学期中何度もくりかえし指導した方がよいと思われた「要約」を一番はじめにおこなうことにした。学習者の総合的な日本語力がある程度ついた後の方が指導しやすいと思われるディベートを最後にし、その結果プレゼンテーション活動を中心とする章が 2 番目の Unit 2 になった。

　教材作成時には文章表現シラバスだけがあった。教科書は口頭表現活動と連携した指導を目指したため、文章表現シラバスの柱である「要約文」、「グラフ解説文」、「意見文」に対応する口頭表現の柱を併せて考えた。文章表現シラバスそのものが大学に入った後のアカデミック・ジャパニーズを意図して、その基礎作りを目指して作成したものなので、文章表現と連携する口頭表現の柱もアカデミック・ジャパニーズを支えるものを考えて試行を重ねた。

▶ 1 「Unit 1 要約文から演習発表へ」を設定した理由

　まず「要約文」と連携する口頭表現活動として「演習発表」を考えた。大学の授業でおこなう口頭表現活動で最初に思い浮かぶのは、やはりゼミ発表であろう。ゼミの発表と一口にいっても、テキストを分担してその内容を報告するもの、テーマについて自分なりに調べて発表するもの、実験結果を報告するもの、長い論文の途中経過を説明するものなど、様々な形態がある。

　その中で、「要約」とより密接に関係がある口頭表現活動として「テキストの内容を分担して発表する」活動を想定した。それが「演習発表」である。これは大学に入学してから比較的早い段階でおこなわなければならない発表の形なので、まずこの形式に慣れておく必要があると考えた。

　柱を立てるに当たっては、東海大学の留学生が多く進学する政治経済学部経営学科や文学部広報メディア学科の実際の演習形式について担当教員に話を聞き、留学生が学部に進学する前に身に付けておくべき表現能力としてどのようなことが求められるかを考える際の参考にした。その表現能力とは、授業で発言する口頭表現力・レポートを書くことができる文章表現力の基礎となるそれぞれの力が考えられる。特にインプットしたことを「要約」し、その事実をもとに自分の考えをまとめて発信する力が求められている。

▶2 「Unit 2　グラフ解説文からプレゼンテーションへ」を設定した理由

　次に「グラフ解説文」であるが、これは最近の大学の発表形式の中心となっている「Power Point」などのプレゼンテーションソフトを使った発表を考えた。ここでは自分でアンケート等によって調査した内容を集計してグラフ・表を作り、さらにそれを Power Point にまとめて発表し、その結果を文章化することを最終目標とした。

　その際に Excel や Word など大学生になると必要になるソフトの基本的な操作を、日本語でおこなうことに慣れることも指導項目に入れた。

▶3 「Unit 3　意見文からディベートへ」を設定した理由

　「意見表明」に関してはどのような口頭表現能力に結びつけるかをいくつか模索した。大学のゼミでは討論（ディスカッション）ができるレベルの力が必要になってくるのだが、中級段階ではまだ討論を効率よくできるほど学習者の日本語能力が上がっているとはいえない。

　それで、効果的に意見表明の技術を向上させるための活動として、テーマを自由に論じ合うのではなく、ある程度制約のある中で意見を述べる「ディベート」を採用することにした。ディベートを口頭表現の柱に設定したことによって、ディベートで出されたテーマを調べて報告するという形のミニレポートを最後に書かせることにし、ただ調べたことをまとめるだけではなく、ディベートの特色である二つの相反する論点を提示して文にまとめる練習ができることになった。

　「意見表明」には後から「スピーチ」指導を入れた。これは筆者が所属する機関の行事として実施されるスピーチコンテスト[7]に向けて、スピーチを授業の中で指導した方がよいという判断から入れることになった。教科書の

注〉

[7]　東海大学では秋学期に国際フェアが外国語教育センターと国際教育センター共催で実施され、その中で学内の留学生を対象とした日本語スピーチコンテストが開催される。それに対して春学期には別科・学部で日本語を学ぶ学習者のみを対象とした小規模なスピーチコンテストがある

編集方針である「アカデミック・ジャパニーズにつながる準備段階の練習をさせる」という点から見ると、「スピーチ」は必ずしも重視すべき指導項目ではない。それは大学の中で実際におこなわれている活動には、スピーチのように事前に原稿を用意して話をする機会があまりないからである。

しかし、よく考えてみると、ディベートを構成する要素の根底にあるのはスピーチであるといえる。ディベートには討論に近い部分もあり、スピーチに近い部分もある。人の意見を聞いて反論を考え、その場で反駁しなければならない点は討論に似ているが、立論はテーマが事前にわかっていれば事前に準備できるので、この部分を単独で見るとスピーチとあまり変わらない。

また、討論は誰かが話している間でも、途中でその話に介入して相手の発言を引き取って自分が論じ始めることができるという特色があるが、ディベートはその点、立論であれ反論であれ、決められた時間の中で誰に反論されることなく一人で自分の論を述べる時間が確保されているという点では、よりスピーチに近いといえる。

上記のことから、スピーチ指導はディベート練習前の基礎練習と位置づけて取り入れることになった。

2. 各節の構成をどうするか

表現活動の最終目標を「アカデミック・ジャパニーズ」に必要な表現力の養成と決め、そのための準備練習として中級レベルではどのようなことが必要かを試行錯誤して各節を作っていった。当初からまとまった冊子になっていたわけではなく、授業のたびに印刷したプリントを配布した。そのため元に戻って確認したい注意事項があった時は、そのたびに同じ内容のプリントを学生に配布しなければならなかった。授業開始時にファイルを配布して使った教材は綴じておくように注意したにも関わらず、紛失している学習者がいて、冊子になるまでは、何度も使用する基礎的な項目を記述した部分は常に印刷して持っていくという状態が続いた。

最終的には「基本的な表現（文型・語彙）は文章表現で指導し、それを踏まえて最初の表現活動を口頭表現でおこない、その活動をもとに文章化して定着を図る」という基本的な方針ができあがった。

各節の構成としては、Unit をそれぞれ大きく二つに分け、前半では後半に向けて必要な準備練習をおこなった。後半は中心となっている口頭表現活動と、その後の文章化に必要な練習の２部に分けた。

　どんなに細かくクラス分けをしても学習者には能力差があるため、与えられた課題を早く終わらせる学習者が必ずいる。「表現」練習は個人作業が多いので、活動を一斉に進めることは難しい。そこで全員がおこなうことを前提としない課題も中にはいくつか取り入れることにした。応用問題の中には、余力のある学習者が他の学習者の課題が終わるのを待っている間に取り組むものも入っている。

　このように全体のバランスを考えて節をそろえていくと、活動の必要性に差が出てくることは避けられないことに気づく。以下に各節をどのように作成していったか、作成・指導の際にどのような点で躓き、それを修正するためにどの部分を差し替え、修正したか、また、どのような点に注意して指導すべきかについてくわしく見ていくことにする。

第2節　『日本語中級表現』の作成と指導について

1.「はじめに　日本語の文章の書き方について」

　中級の目標の一つに書き言葉と話し言葉の使い分けという項目がある。学習者たちにとって「です・ます」体は初級教科書で一番はじめに学ぶ日本語であるため、文体を指定せずに書かせると、学部の学生でも多くが「です・ます」体の文章を書く。

　交換協定の留学生などで、大学進学後にレポートの文章を日本語で書く必要がない場合は、「です・ます」体を書かせる指導だけでいいかもしれない。手紙やメールなど日常で書く文章は「です・ます」体で書くことができれば大きな問題はない。「だ・である」体は読む必要はあるが、書ける必要がどこまであるのかは、どのような目的で日本語を学習しているのかと関係がある。

　しかし、大学進学を前提とした予備教育であるならば、迷うことなく、中級の目標の一つである書き言葉と話し言葉の使い分けができるようになることを目標にすることができる。

　その場合、最初の授業で話し言葉と書き言葉の違いを整理し、「文体の書き分け」が中級で到達すべき目標の一つであることを認識させなければならない。そのために章のはじめに「日本語の文章の書き方」という節を立て、以下のような点を指導している。

▶1　いろいろな記号の使い方

　まず「1．いろいろな記号の使い方」では「。」や「、」などよく使用する記号を紹介し、その使い方を解説する。初級指導時には「。」を「マル」、「、」を「テン」と呼ぶのがふつうであるが、ここで正式名「句点」、「読点」を教える。以後も「マル」、「テン」の呼称は使い続けるのだが、「句点、つまりマルのことですね」と授業の合間に「クテン」という用語にも慣れさせる。それは近年大学でも初年次教育として「レポートの書き方」指導に力を入れ

るようになり、学部入学後に「クテン」という用語を耳にする可能性が高くなっているからである。「マル」だけを使っていたのでは、そこで混乱することになるため、正式名称を併用することにした。

▶2　原稿用紙を使った書き方

　用語を紹介した後で、マスのある原稿用紙を使った書き方指導をおこなっている。現在大学で原稿用紙に書いて何かを提出させることはほとんどなく、日本人学生でもあまり原稿用紙を使わない。しかし手書きで文字を書く機会が全くなくなったわけではない。

　現在は双方向型授業が大学でも推奨されていることから、授業時間内に受けた講義の内容をまとめて書かせたり、意見や質問を書かせたりする授業が増えている。また、ミニッツペーパーと呼ばれる用紙に毎回の授業評価を書かせる授業もある。そこで、手書きの際の基本的な規則を正確に習得させておく必要がある。しかし、タブレット型端末の普及により、今後手書き指導の必要性がさらに低くなることが予想される。そのようなものを授業中に使う環境が整ったならば、このような手書きのための指導は必要なくなっていくかもしれない。

　レポートはパソコンで作成することが原則になっていることが多いため、パソコンで文章を作った時に問題となる、半角にすべき文字や段落の示し方についての注意をこの「原稿用紙の書き方」のところで併せておこなう。

　また、学習者は縦書きの文章を書くことに慣れていないため、日本語は縦書きで書けることも紹介する。縦書きで書く場合と横書きで書く場合ではいくつか注意しなければならない相違点があるので、そのことに関して注意を促すが、実際の練習をせずに知識としてとどめておいてもよい。ただし、中には縦書きに興味を示す学習者もいるので、練習問題として横書きを縦書きにする練習が付してある。もし指導する時間があまりなければ、この練習問題を実際に解かせながら、縦書きと横書きでは「　」などを使用する際に向きや書く位置が違うことを説明してもよい。

　縦書きは日本の伝統的な文化の一つであるので、どちらでも書くことができるおもしろさに惹かれる学生もいる。しかし、手紙文以外の文章を縦書き

することが少なくなっている現状を併せて説明する必要がある。

▶3　句読点の付け方

　日本語の読点は文章を書く人の裁量にまかされているところが多いので、厳密な規則はない。筆者は小学校5年生の頃に読点の付け方の規則がわからず、真剣に悩んだことがある。そこで、「『、』はどこにつけるんですか」と国語科主任であった担任の教師に質問して、答えをはぐらかされたことがあった。その教師はその場で「。」の説明しかせず、肝心の「、」については一言も触れなかった。教師の句点の説明を聞きながら、「それは知っているのに。どうして『、』の説明はしてくれないのか」と幼な心に憤慨したことを覚えている。

　長じて大学で国文科に進み、学科の指定図書であった本多勝一の『日本語の作文技術』を読んだ時に目から鱗が落ちる思いがした。この本の「第4章　句読点のうちかた－とくに読点の統辞論」で「テンというものの基本的な意味は、思想の最小単位を示すものだ」と定義し、「述語にかかる長い修飾語が二つ以上あるとき、その境界にテンをうつ」という原則を立てている。「重要ではないテンはうつべきではない」と明言し、上記の原則以外に「語順が逆順の場合、重文の境目、述語が先にくる倒置文、呼びかけ・応答・驚嘆などの言葉のあと、挿入句の前後または前だけ」を示して読点の打つべき指針を示している。また、中学生の文法の教科書についての以下のように述べている。

　　「読点のうち方には、これでなければならないというきまりはないといえるし、文を書く人によってそれぞれ違っている。しかし、注意をして文を書いていけば、おおよそ、どのようなところにうてばいいかがわかるようになるだろう」といったセンスで触れているだけである。「注意をして文を書」くにしても、どのように注意すべきかが示されていない。これでは学習する方が途方にくれてしまう。先生たちはどのように教えているのだろうか。これが自分の国の言葉を教えているはずの教科書や学習書の実情である。

<本多勝一『日本語の作文技術』(朝日新聞社)>

これを読んで小学校のころに抱いた疑問が解決した。おそらく小学校の担任教師は自分でも読点を無意識に使っていたために、正確にその特性をとらえておらず、説明を回避したのではないかと悟ったのである。

これと同じことが外国人に対する教育現場でも起こらないとは限らない。教師としては、読点は本人の判断でつけてもよいし、つけなくてもよいと説明するべきではない。少なくとも読点はどのような時にはつけた方がよいかを理解していなければならない。

この読点に関する説明がくわしく書いてある作文の教科書がある。たとえば『大学生と留学生のための論文ワークブック』（浜田麻里他 1997）には9種類の規則が並んでいて、それぞれにくわしい説明がついている。読点の使い方について厳密に分類しようとすればそれぐらいの数の規則は必要となる。

しかし、中級の学習者にはそれらの規則は読んでも理解できないであろうし、そもそも9種類もある規則は運用に適した規則とはいえない。語学的に厳密に用法を分類することと、学習者に規則として提示することとはまた別である。

そこで、『日本語中級表現』では大きく二つの規則を示すにとどめてある。「①文の節（〜ので／から／た結果…など）のあと」と「②前に長い説明がくる名詞句のあと」である。そして例文を出して、上記2例の場合は、どうして読点をつけたほうがよいのかを考えさせる。その後に句読点をつける場所を考える練習問題がつけてある。なぜそこに読点が必要なのかを、練習問題をさせながら併せて理解させたいと考えたからである。

▶4 文体

中級文章表現指導をスタートする時、原則として学習者は「です・ます」体（敬体）で文を書く状態から始まると考えてよい。中級文章表現で習得する項目の一つが「である体」（常体）で書けるようになることで、さらにその使い分けができるようになることを目指す。はじめの頃は文体の使い分けが混在してしまう学習者が多く、常体で書くことができるまで根気よく指導していかなければならない。文末を常体で表現することだけが問題なのでは

ない。文の最後に注目して、その部分で使われている表現が「です・ます」か、「である・だ」かを判別することは学習者自身にも難しいことではなく、またピア活動で他の学習者も指摘しやすい点である。

　中級以降の文体指導の難しい点は語彙の選択の問題である。初級では使用語彙と理解語彙がほぼ一致しているので、文体に合わせて語彙を使い分けるという問題は起こらない。しかし、レポートなどの硬い文章を書くようになると、初級で習った語彙では文体上合わないという問題が起きてくる。たとえば、「～みたい」をレポートの中で使うとおかしいといったことを指導していかなければならない。

　その対策として、教科書には初級に出てくるいくつかの例を常体に直す練習が入れてある。中級表現学習が始まる時に、中級では習得した語彙が書く時に使う語彙なのか、話す時だけに使う語彙なのか、どちらでも使うかに注目する必要があることを理解させるために設けた練習である。以後は教科書で新しい語彙を学習するたびに、使い分けの注意を喚起していく必要がある。

▶5　「はじめに」にどのくらい時間をかけるか

　教科書を編集する際に注意したことは、決められた回数・授業時間の中で全体としてどれだけの項目を盛り込むことができるか、またどのようなことを練習させることが効果的かの2点である。「はじめに」は1コマ90分をかける必要はなく、場合によっては簡単に答えを確認する程度で済む分量にしてある。最初にある「表記の規則」を問題形式にしてあるのは、時間があれば練習問題を解かせた後で答えを学習者に言わせることもでき、時間がなければ教師が答えを解説する形式で授業を進めていくこともできると考えたからである。

　そこに書かれている規則は既習のものなので、確認しておいた方がよい既習の知識が箇条書きで並べてあるよりは、問題形式にして学習者の好奇心を刺激しながらまとめた方がよいと考えて作成してある。しかし、まじめに授業を聞いていない学習者や、ノートをとる習慣のない学習者にとっては、正解がそこに書かれていなければ後で読み返してみても習ったことの確認ができない。ここでは問題を解説しながら、ノートのとり方も併せて指導すると

よいだろう。つまり、解説しながら机間巡視し、答えを書く欄にきちんと学習者たちが正解を書いているかどうかを確認する。

　ノートのとり方指導はわざわざ時間を設けなくても、日常の指導の中で折りにふれてチェックして身に付けさせればよいだろう。開講時のきめ細かい指導がノートをとるという習慣を形成する一助となる。中にはノートやテストはペンで書くという習慣の学習者もいる。そうした学習者の多くはノートをとらないことが多い。この機に、間違った時には消すことができる鉛筆・シャープペンシルなどを使うように注意を促す必要がある。

2.「Unit 1　要約文から演習発表へ」の作成と指導について

▶1　中級の要約指導で目指したこと

❶中級で「要約」を練習する意味

　「要約」という作業は、正しく文章を読解できたかどうかを確認することができ、また、もととなる原文の語彙・表現などを利用して文章を作ることができるため、文法事項・語彙の定着にも効果がある。文章表現の面でいえば、内容・表現に関してはある程度原文に依拠することができるので、自由に書く作文よりも一段階上の複雑な表現・内容を無理なく書かせることができる。上記の点から「要約」は言語教育のうえで欠かせない総合練習の一つであると思われる。

　また「レポートの書き方」を習得するという視点から「要約」を見ると、読んだ資料を要約するスキルはレポートの文章作成にも欠かせないことに気づく。初級段階までの作文は自分で考えたこと、経験したことを書くことが中心になる。つまり自分自身の中にあるものを材料にして文を書く活動である。それに対して、レポートは先行研究・参考文献などの資料を駆使して論を展開していくところに特色がある。そこで必要になるのが資料を要約する力である。要約のスキルをレポートの中で使えるかどうかが「資料を駆使する」ことと関係してくる。

❷中級で指導しなければならない「要約」の注意点とは何か

　「レポートを書く」ことを前提にした要約で徹底的に指導すべきことは「コピー＆ペーストするな」であろう。最近の学生はインターネットから引き出した資料をもとにしてレポートを書くことが多い。電子化された情報は簡単にコピー＆ペーストできるので、もとの資料の文章をそのまま自分のレポートに貼り付ける傾向が強くなっている。これは日本人の学生にも同様のことがいえる。

　要約は参考文献の文章の要所を切って並べれば、文法的に誤りがなく体裁のよい要約文を書くことができる。読解できたかどうかを重視するのであれば、要所を切り取ることができた段階で要約の課題はクリアしたことになる。しかし「レポートを書く」ことを意図した要約文の場合は、「切って並べる」のではなく、それをさらに「加工する」技術を身に付けなければならない。

　加工する技術にポイントを置いた要約のし方を身に付けて大学に入学した学生の場合は、その後は「引用の仕方」、「注のつけ方・参考文献の書き方」などのレポートを書く時に必要なスキルを指導するだけでよい。

　予備教育段階で本格的な「レポートの書き方」まで教える必要はないだろう。ここでいう本格的なレポートとは章立てをして、注をつけ、参考文献などを載せたものをいう。本格的な「レポートの書き方」は学習者が「単位をとる」という必要に迫られた時に学べばよいと考えて上記の項目は入れていない。

❸口頭表現から見た「要約」活動

　文章を読んだり、聞いたりした後で、文章を見ないでその内容を思い出して話す活動を英語教育では再生（recall）、再話（retelling）と呼び、どのように情報を理解したかを確認する活動と位置付けている。この教科書で念頭に置いている活動は上記の再生・再話とは少し違う点があるので「口頭要約」という用語を使うことにした。

　口頭要約は演習発表の基礎となる活動として中級表現で指導すべき項目の一つである。大学の演習発表では資料を使わずに発表することは少なく、多くの場合レジュメ・ハンドアウトやPower Pointなどの資料をもとに話を進めていく。そこで口頭要約は再生・再話のように何も見ないで読んだこと、

聞いたことを説明するのではなく、レジュメ・ハンドアウトにあたるメモを作って、それを見ながら読んだ内容を説明する活動と考えた。アウトライン・キーワードなどが書いてある簡単なメモの作成も併せて指導することも口頭要約指導の際に重要となる。それは大学入学後にレジュメ・ハンドアウトの作成につながると考えるからである。

▶2 「要約文から演習発表へ」指導開始時に起きた問題

❶要約指導で起きた「基準」の問題

　何人かの教員が要約指導をそれぞれのクラスで開始してすぐに、どのような要約を目指すべきかという認識が指導する側で統一されていないという問題が起きた。指導する側に共通した認識がなければクラスによって、また教員によって違う指導をしてしまうという、考えてみれば当然のことを経験した。たとえば「要約」の指導の場合、本文の形を残すかどうか、積極的に本文にある単語を使う方がよいのか、その単語を自分なりに簡単なものに置きかえた方がよい要約なのか等々、指導する者の間にも判断にずれがあることを知った。

　たとえば『ニューアプローチ中上級日本語完成編』（語文研究社）「第3課食生活を見直そう」を使った要約で「普段何気なく口にしている食べ物に目を向け」という原文は、どのように要約したらよいだろうか。「いつもはあまり深く考えないで食べている物に注意して」と表現するか、本文の語彙をそのまま使うか、2通りの方法がある。使用語彙の中で表現し直すことが重要だという考えがある一方、「何気なく・口にする・目を向ける」という新出の表現を覚えて使えることのほうが中級レベルで考えると優れた要約だという主張が出た。どちらを目指して指導するべきか、どちらかに方針を決めなければならない。

　中級で「要約」を扱う一番大きな理由は、大学に入学してきた学生たちがどんなに注意してもくりかえしおこなう「剽窃」を何とかしたい、原文をそのまま写してはいけないことを学部入学前からわからせたいということであった。中級教科書で習った新しい表現を使える方が外国語教育の立場からいえばよい要約だという考えも確かにある。しかし、剽窃防止を徹底させた

いという指導目標から考えて、自分が知っている言葉で表現し直す力を重視したいと考えた。そこで、要約を指導する際の注意点として「本文の難しい表現を自分がよく使う表現に言い換えることができる」を挙げて、認識を共有することにした。

❷丸暗記してしまう学習者の問題

　最初に口頭要約のやり方を指導した後で、授業で学習した中級教科書の中の一つの課を口頭で要約できるかを試験してみることにした。各課が終わるたびに文法・読解・漢字のテストをしてその課で習得した知識の確認をおこなうことは、どこの機関でもやっていることであろう。そこに、さらに口頭要約試験を課すことによって、読解内容を自分自身の言葉で表現できているかを確認する試験を実施した。

　この口頭要約試験の実施当初に躓いたことは、学習者たちが教科書の本文を丸暗記してきたことだった。文章量が中級教科書の１課分程度の分量なので全文暗記しようと思えばできないことはなく、特に中国文化圏の学習者たちは科挙の伝統があるためか丸暗記に抵抗がない。その方がなじんだ勉強方法であるためか、驚くほど正確に暗記してきた。事前に要約文を書かせてあるので、そこからポイントを抽出してメモを作り、それを見ながら口頭要約するのはそれほど難しいことではないと考えていた教師たちは驚くばかりだった。

　全文丸暗記をしてしまった理由を学習者に聞いてみると、学習者はある程度分量のある文章の内容を口頭で説明するという経験をそれまでしたことがなかったために、何をどうしたらよいか不安を感じ、すべてを覚えてしまえば楽だからそうしたと説明した。つまり、不要な表現を捨てることができなかったり、簡単な表現に変えてしまうことが難しかったりと理由はさまざまだが、元の表現に頼っていれば間違うことはないから暗記したということだった。

　そういう学習者たちが何人か現れたことで、事前指導をもっときめ細かくして、口頭要約に慣れてから試験をしなければならないということを認識させられた。丸暗記をさせないために事前にどのような練習が必要なのか、どのような指導をしていけば彼らの不安を取り除くことができるのか試行錯誤

が続いた。

▶3 「Ⅰ．要約文の書き方」の作成と指導

❶要約に関して最初に指導する項目

　前述したような丸暗記をしたがる学習者の不安を取り除き、よりよい要約をさせるためには事前にどのような練習をおこなえばよいか、試行錯誤して問題を作り、その結果を踏まえて練習部分をまとめた。

　はじめにおこなう基礎練習では Unit 1 で使う基本的な語彙・表現などを文章表現の時間で導入する。要約指導では多くの文章表現の教科書にあるように、最初に「要約の手順」を明示し、その後で実際の要約練習に入る。

　ここで特に注意して練習させたいのは、「剽窃」しないこと、つまり元の文を切り取っただけの要約文ではいけないということを認識させることであった。

　そのため「基礎練習1　要約文とは何か」では短い文章を載せて、要約の手順を説明しながら、要約とは何かを考えさせる練習をつけた。要約の手順としては「文章を読んで、重要な部分に線を引き、線を引いた部分を並べ、それをもとにして要約文を書く」という一般的な方法が提示してある。

【教材例―❷】要約文の書き方

おにぎり

　「おにぎり」を食べたことがありますか。おにぎりは日本人がよく食べるものです。おにぎりは手に塩をつけて丸い形や三角形に強くにぎって固め、そのまわりにのりを巻いて作ります。その中に梅ぼしや鮭など塩からいものを入れるので、それだけでも食べることができる便利な食べ物です。おにぎりのまわりにみそやしょうゆをつけて焼いた「焼きおにぎり」もあります。

　おにぎりは日本人にとって特別な食べ物です。その理由は子供のころ楽しみにしていた遠足・運動会・家族との外出などのときにおにぎりを食べたからです。外で友だちや家族と食べたその味は、思い出とともに心の中にのこっています。外で食べたためにもっとおいしく感じられたからかもしれません。

最近はおにぎりを家で作らないで、コンビニで買う人が増えてきました。コンビニではマヨネーズ味やキムチ味などのおにぎりがあってとても人気があります。おにぎりの味が洋風・韓国風に広がっているといえます。ＴＶを見ながら、パソコンを打ちながら、ちょっとおなかがすいたときに簡単に食べられるおにぎりは、これからもずっと日本人に愛されていくと思います。

　まず、本文「おにぎり」を提示したあと、次の①・②でもう一度要約の手順を確認し、③で下線だけを抜き出した文を挙げ、④で要約文の例を挙げる。

① 文章を読む
　↓
② 中心と思うところに線を引く
　↓
③ 句・短文にして並べてみる

塩をつけて丸い形や三角形にごはんを強くにぎって固め、のりを巻いて作る。
中に塩からいものを入れる
おにぎりは日本人にとって特別な食べ物
外で友だちや家族と食べたその味は思い出
コンビニで買う人が増えた。マヨネーズ味やキムチ味　おにぎりの味が広がっている
簡単に食べられるおにぎりは、これからも日本人に愛される

　↓
④ いくつかの文をいっしょにして、少し複雑な文を書いてみる
例：おにぎりは塩をつけて丸い形や三角形にごはんをにぎって固め、のりを巻いて作る。中に塩からいものを入れる。おにぎりは日本人にとって特別な食べ物だ。外で友だちや家族と食べたその味は思い出とともにある。最近おにぎりをコンビニで買う人が増えた。マヨネーズ味やキムチ味のものだ。おにぎりの味が広がっている。簡単に食べられるおにぎりはこれからも日本人に愛される。

> <練習>
> ① この例のよくないところはどこですか。
> ② 上の文をいくつかいっしょにして、要約文を書いてみましょう。
> ③ 「おにぎり」を50字程度にしてみましょう。

　どのような要約文を書くべきかを指導するために載せたのが前頁④にある例の文である。この例はその前の「③　句・短文にして並べてみる」の線を引いた文をそのまま並べたものである。これは要約する途中の段階の例であるが、多くの学習者はこれが正しい要約文だと考えがちである。

　ここで理解させることは、④の例のような「原文をそのまま並べただけの要約文ではいけない」ということである。そこで、原文をそのまま並べただけの例のどこが問題かを考えさせる<練習>①を入れ、その後、実際にこの作業途中の文章をもとにして要約文を完成させ、求められている要約文はどのようなものかを作らせる<練習>②を入れた。

　しかし、この練習だけではまだ要約とは何かを完全に理解したとはいえない。元の文を切って並べただけの要約文ではどうもいけないらしいということを理解しただけである。そこで、実際に手順を覚えさせるため、さらに50字程度に要約する練習問題をつけた。

❷基礎的な要約練習

　要約の練習量を増やす前に、要約のための基本的なテクニックを確認しておく必要がある。そのために「基礎練習2　要約に使う表現練習」を入れた。学習者の中には『みんなの日本語初級Ⅰ・Ⅱ』(スリーエーネットワーク)などの初級教科書だけを学習してきて、長い文章を読み慣れていない学習者もいる。「要約」は中級に入ってすぐに学ぶことになるので、長文に慣れていない学習者のことを考えると、原文をもとにして要約文を書くという作業をもう少し丁寧に練習させる必要があると考えて、この練習を入れることにした。

【教材例―❸】要約練習前の基礎練習

> 1) 名詞句(めいしく)を使って一つにする
> 例(れい)：ミンさんは留学生(りゅうがくせい)だ。ミンさんはタイから来た。
> → ミンさんはタイから来た留学生(りゅうがくせい)だ。
>
> 2) 接続助詞(せつぞくじょし)・連用中止法(れんようちゅうしほう)などを使って一つにする
> 例(れい)：日本は地震(じしん)が多い国です。日本には火山(かざん)があちらこちらにあります。
> → 日本は地震(じしん)が多い国で、火山(かざん)があちらこちらにあります。

　この練習のポイントは二つで、上記の1）名詞修飾節を使って2文を1文にするものと、2）接続助詞・連用中止法を使って2文を1文にするものである。この練習そのものは初級などでよく見られる文法練習で、目新しいものではない。しかし、ここでこの練習をさせる目的は、要約では「重要な部分を切って持ってきた後、長い連体修飾や接続助詞を使った複文節を使って、それらの文を一つにまとめ、内容に即した文にする必要がある」ということを学習者に認識させることである。

　そのために、あえて初級レベルでおこなう練習を入れてある。それぞれの問題を文法の練習として答えることはできても、そこで習ったことを何に使うのかが具体的にわからなければ応用できない。今まで自分たちが勉強したどの技術を使ってまとめればよいのかがわかれば、連体修飾や接続助詞を使った少し長い文を書くことが容易になる。

　中級レベル、初中級レベルの学習者が中心であれば、この練習部分は省略することもできるが、初級しか勉強していない学習者に連体修飾や接続助詞を使った要約文を書かせるためには、以前習ったこのような表現を使うことが不可欠であることを意識させる必要がある。

❸短い文章の要約練習：量をこなす練習

　要約文の作り方がわかったところで、短い文章の要約練習を繰り返すことによって要約の技術を確実に身に付けさせる必要があるが、そのための練習問題は教科書に載せていない。指導の中心となる「本文を写した要約文を書かせない」ことを徹底させるためには、個人指導が効果的だと考えるからで

ある。

　以下に二つ練習問題を挙げ、効果的な個人指導の例を紹介する。

【教材例—❹】短い文章の要約

> A　山手線、駅が火事で4時間止まる
> 　東京のJR山手線が30日夜、駅のそばで起きた火事のため、約4時間止まりました。東京で働いている人が会社から家へ帰る時間で、約32万人の人が駅や電車の中で電車が動くのを待ちました。
> 　火事が起きたのは、代々木駅のとなりのビルです。火は駅の建物にもうつって、たくさんのお客さんが駅からにげました。混乱は午前0時をすぎても続きました。(190字)

【教材例—❺】少し長い文章の要約

> B　納豆ダイエットと情報化社会
> 　数週間前、テレビで「納豆はダイエットにとても効果的だ」という番組が放送されました。放送が終わってすぐにコンビニやスーパーで納豆がふだんよりもたくさん売れて、店によっては納豆がなくなってしまうほどだったそうです。ところが最近、実はこのテレビで放送されたことがうそだったということがわかりました。ダイエットに効果があると言われた実験データは作ったもので、「効果がとてもあります」と言ったアメリカの学者の話も、実は実際にはそう言っていなかったそうです。テレビ局はそれがわかってからあちらこちらから文句を言われて、あわてて番組の中で謝りました。しかし、番組を見ていた人はテレビ局に不満の電話をしたり手紙を書いたりして問題になり、その番組はついに中止になってしまいました。
> 　テレビでうそを放送することには大きな問題があります。しかし、テレビやインターネットで流れている情報をすぐに信じて行動する人も少し考えたほうがいいです。情報化社会と言われる21世紀では、人々はたとえ誰が言っていることでも、言われていることが本当かどうかをうたがう必要があるのではないでしょうか。(461字)

まず教師は前頁のような200字〜400字程度の文章を何種類も用意する。用意する文章のレベルは学習者の読解力に合わせて様々なものがあるとよい。読解の授業ではないので、辞書を引かずに簡単に読めるものであることが望ましい。

　最初にその中の1枚を全員に渡して要約文を書かせる。Aの文章は分量が少ないので、要約するといっても項目を抜き出す程度になってしまう。できればB程度の量がほしいところであるが、学習者によってはBの文章を独力で読めない場合もあるので、最初のウォーミングアップにはAのように量が少なく、語彙レベルも簡単なものから入るほうがよいかもしれない。

　読解力・文章表現力に差があるので、できた順に要約文を持ってこさせると、タイムラグができる。最初にできた学習者の書いた要約文をチェックして問題がなければ、その学習者には次の課題を与える。そうやってできた順番に次々に個人指導をして、できるまで何度でも再提出させ、できたら次の課題へと進ませる。次に与える課題から学習者の能力（読解力と要約力）に合わせてそれぞれ別のものを与えていく方が効果的である。練習問題を教科書にすべて載せなかったのはこのためである。できたものをその場でチェックして、合格した場合のみその次の課題を渡していった方が集中力を持続させることができるからである。

　学習者が書いてきた要約文をチェックするポイントは2点ある。一つめは読解上の問題で、文章を理解する上で必要なポイントが入っているか（余分な情報が入っていないか）、二つめは文章表現上の問題で、文章を切り取ってそのまま並べていないか、の2点である。短文であれば学習者もあまり負担なく読解でき、チェックする側も原文がわかっているので、「コピー＆ペースト」していないかどうかが一目瞭然にわかる。

　たとえば、学習者がAの課題で次のような要約文を持ってきたとする。

【要約例】

> 　東京のＪＲ山手線が30日夜火事のため、約4時間止まりました。東京で働いている人が会社から家へ帰る時間で、約32万人の人が電車が動くのを待ちました。火は駅の建物にもうつって、たくさんのお客さんが駅からにげました。混乱は午前０時をすぎても続きました。

この文では書き直しを指示することになる。ただし、なぜ書き直しなのか、どの部分を直せばよいのか指示しなければ学習者によっては途方にくれてしまうので、具体的にどうすればよいかを指導する。「①　である体で書く、②　事件の説明で1文、その影響で1文にする、③　火事はどこであったかも書く」という指示を口頭で説明する。

　ここで提出された要約文は消さないで、リライトをその下に書かせると、どの部分が問題で、どう直したらよかったかがわかるので、要約文を提出する紙は、余白が十分にあるものが望ましい。上記の説明にしたがって要約文が書けたら次の課題を渡す。

　できた順番に次々と課題を渡していくと、競争心も働いて学習者は真剣に課題に取り組む。多くの学習者は、最初はコピー＆ペーストをしてくるので、1回目は書き直しをすることになるが、何度も書き直しをさせられているうちにコツがわかってくる。原文を写してはいけないことが理解されればこの練習は終了である。

　要約する時にコピー＆ペーストをしてはいけないと、どんなに説明しても、説明を聞いただけで実際にできるようになるものではない。自分で書いてみて、何がいけないかを自分が書いた文章をもとに指摘され、それを自分の力で直して初めて身に付いていく。

　要約とはもともとこの程度の短い文章でするものではない。しかし、長い文章の要約では読解の負担も大きく、チェックする側も原文を写してきたのかどうかそのつど原文に当たらなければならないので効率が悪い。そこで、この短文速読要約練習を1コマ90分、時間がとれるときは2コマぐらい実施すると、コピ＆ペーストによる要約ではこの課題はクリアできないということを理解させることができる。

　90分で要約できる量は学習者の能力によって差があり、400字ぐらいの文章を5種類ぐらいできる者から、2〜3種類ぐらいしかできない者までさまざまである。添削者は集中して要約文をチェックし、説明し続けなければならないので大変だが、チェックすべき項目ははっきりしているので、慣れてくれば学習者が書いた文を一読しただけで合格か不合格かを判定できるようになる。

❹長文要約練習のために

　短い文章の要約練習をして学習者が要約のポイントをつかんだら、授業で使っている日本語中級教科書の各課が終了した後、その文章を要約して提出することを毎回宿題として課す。教科書の構成にもよるが、1学期で10回ぐらいはある程度長い文章を要約することになる。提出された宿題を見ると、短文要約練習を何回もしたにもかかわらず、まだコピー＆ペースト要約から抜けきれない学習者がいる。要約スキルを定着させるためにもこの課題は欠かすことができない。

　長文要約に入ってからの指導はそれぞれの担当者にまかされているが、コピー＆ペースト要約をした学習者にはできるまで再提出をさせたり、優れた要約をしている者の文章を模範として配布すると効果がある。模範の要約文のよい点を説明すると、コピー＆ペースト要約をしてくる学習者は少なくなる。

　要約に慣れること、コピー＆ペーストをしないことがこの課題を課す目的であるので、提出された文章を評価して返却する必要はない。しかし、課題を提出したかどうかのチェックは必要で提出率を成績の最終評価に反映させる。

　学期初めに担当者が分担して各課の模範要約文を作成すると、目指すべき要約文とは何かという共通認識を持つことができる。「▶2「要約文から演習発表へ」指導開始時に起きた問題　❶要約指導で起きた「基準」の問題」（p.60）で述べたように、人によって要約文の基準が違うことがあるので、授業開始前に関係者の認識をそろえておく必要がある。

❺構成について指導する応用練習：ゆとりの部分を入れておく意味
【教材例―❻】

```
応用練習　文章の構成を考える
1）文章の構成とは何か
　①　段落とは何ですか。
　　　教科書にある文章を見て、どれが「段落」かわかりますか。
　　　……あなたの国の言葉ではどのような方法で「段落」が変わったことがわかりますか。どうして文章に「段落」が必要か考えてみてください。
```

② 教科書の文章を見て、その構成を考えてみましょう。
　a．段落ごとに書いてある内容を考える
　b．段落ごとに題をつけてみる　→　アウトライン

2）アウトラインとは何か
　上で書いた「b．段落ごとにつけた題」がアウトラインの例です。
　他の教科書の文章を読んで、アウトラインを考えてみましょう。

3）下のアウトラインをもとに3段落の文章を書いてみましょう
　題：「日本に来て変わった日本の印象」
　＜1＞　はじめに：国にいたときはどうだったか＋どうしてそう考えたか
　＜2＞　本論：日本での変化……日本でどのように変わったかくわしい説明
　　　　　＋その理由
　＜3＞　まとめ：それについての自分の考え

　文章を要約するときは、まずそれぞれの段落の要旨をつかみ、文章全体の構成を理解する必要がある。要約のはじめの作業は段落ごとの文章を理解することにあるので、段落意識を学習者に持たせる練習をすることができる。この練習は、他の指導との兼ね合いで時間がとれない場合は宿題にすることもできる。書かれた文章の添削に際しては段落が指示通りに書けているかを中心に見る。時間があれば口頭で発表させてから文章化させるとよい。

　併せてここではアウトラインの練習もおこなう。最初からアウトラインを考えさせて文章を書かせるのは、母語でそのスキルを持っている学習者以外には難しいので、いくつかの練習段階を経てから書かせる。アウトラインの練習は要約練習でおこなう作業と似ているので、同時におこなって要約とアウトラインの関係を認識させると効率がよい。それが応用練習「1）文章の構成とは何か」と「2）アウトラインとは何か」にあたる。

　アウトラインとは何かを理解させる練習として、主教材の教科書から適切な課を選び、本文読解の内容確認をする時に、学習したその本文の文章からアウトラインを考えさせる作業をやってみることをお勧めする。この練習をした後で、各課の要約文を書く際に、その文章のアウトラインも書かせるこ

とにする。教科書が終了する学期末まで繰り返し要約作業は課せられるので、要約のスキルを徹底させ、併せて段落意識を持たせる練習をすることになる。

　課によっては構成を指導するうえで適当でない文章が掲載されている教科書もあるので、どの課を使って指導するかは注意を要する。ただし、この課の文章には「まとめ」の部分がないから考えてみようという練習にして、構成上問題がある文章を使って「まとめ」を補足させる練習をすることもできる。教科書の本文でも、「導入」や「まとめ」がない文章もあるので、その部分を自分たちで考えて書かせてみることも練習になる。

▶4　「Ⅱ．口頭要約発表のやり方　基礎練習」の作成と指導

　中級における「口頭要約発表」では、2,000字〜3,000字程度の文章を3〜5分程度で要約する力の養成を目指している。指導する際に文章理解が問題なくできることが望ましいので、中級の授業で扱う主教材の中から、語彙・文法・読解などについて習得済みの文章を使う。

❶口頭要約はどのような場面で実際に使われているか

　最初にしなければならないことは、口頭要約力が実際の表現活動のどのような点で役に立つかという学習者の疑問に応え、やる気を起こさせることである。文章要約の学習経験はあっても、多くの学習者はこのとき初めて口頭要約をすることになる。したがって口頭要約の経験がない学習者が新しい課題に取り組むことに抵抗感を覚えてもしかたがない。口頭要約のような難しい課題は、初級を終えたばかりの学習者には無理だと思っている者も多い。そこでまずこの抵抗感を払拭するために、将来どのような場面でこの技能を実際に使うかをイメージさせることで、学習者が納得して課題に取り組む環境を整える必要がある。

　そのために、この教科書には冒頭部分に「練習」の形で「口頭要約を勉強する目的」がある。時間がなければ飛ばしてもよいところだが、ぜひ一度口頭要約を練習する意味を学習者も教師も考えてみてほしい。

　大学に進学する学習者はもちろんのこと、この技能は将来必ずどこかで使うことになるはずである。インプットしたことをアウトプットするという、

単純だが、やりなれていないと難しく感じるこの作業は、実は日常生活で多くの人がやっていることである。

　「昨日見たテレビ、おもしろかったね。」で始まり、その内容を楽しげに伝える高校生たちの会話を耳にすることがある。過去に見聞きしたことを誰かに伝えるという活動は誰もが経験し、実践していることであり、そこで無意識に口頭要約の技能を使っている。つまり、口頭要約しようとする時、インプットするのは文章に限ったことではなく、人から聞いた話や見たＴＶ番組などと対象を広げると、その技能は身近なものであると実感できる。また、仕事をする際にはこの技能は頻繁に使われる。たとえば学習者が日本人観光客のガイドの仕事をすることがあれば、見学地について調べた資料をもとにそれをまとめて伝える際に使うはずである。仕事の報告の際にも書いたものをそのまま読み上げることはせずに要約して伝えるであろう。

❷聴解指導で口頭要約はおこなわれているか

　「表現」指導の時間では、聞いたことを口頭要約する時間までは取れないので、聞き取りの担当者に聴解の授業の時に「やってみてください」とお願いしたことがあった。その時「それはいつもやっています」という答えが返ってきた。実際にどのようなことをやっているのかくわしく聞いてみると、一定の分量の情報を聞かせた後、その内容について口頭で簡単なＱ＆Ａをおこない、語彙表を配り、問題を解かせ、最後に内容についてまとめて発表させているというものだった。最後にまとめて発表させている部分が「やっています」の内容であった。

　これは一般的な聴解の指導ではあるが、聞き取ったことを口頭要約する指導とはいえない。現実の場面では「聞く」のは１回きりで、その１回で聞き取ったことをその場で要約できなければ、聞いたことを口頭要約したことにはならないのではないか。

　聞いたことを口頭要約する際には、書かれていることを要約するのとは違った練習が必要であるが、この教科書ではまだ取り入れられていない。さらに研究・実践を進めて、将来的には聞き取ったことをその場で口頭要約する練習も入れていきたい。

❸口頭要約に必要なメモとは何か

　口頭要約と文章の要約の指導で違うところは「メモを作る」点である。口頭要約ではポイントとなる単語や細かい数値など、内容のすべてを暗記する必要はない。実際の大学のゼミ発表の時にはレジュメやPower Pointなどのように発表を補助する手段があり、それをもとにして発表する場合が多い。したがって、演習発表のレジュメに当たるメモは必ず作らせて口頭要約させるようにしている。

　このメモ作りもまた口頭要約の重要な指導項目である。口頭要約のし方を学び始めてすぐの学習者が事前準備で何をしていいのかわからずに、課題の文章すべてを丸暗記してしまったという「▶2「要約文から演習発表へ」指導開始時に起きた問題　❷丸暗記してしまう学習者の問題」(p.61)で述べた失敗も、学習者がメモの作り方がよくわかっていなかったために起きた。メモがあればすべてを覚えていなくてもいいという安心感を学習者は持つことができるので、その存在は重要である。

【教材例—❼】口頭要約の指導項目

```
1) 口頭要約の手順
①　文の構造に注意しながら読む

②　大切なのはどこかよく考える　→　線を引く

③　アウトライン・キーワードなどをメモする

④　メモを見ながら、口頭で説明する
```

　上記の「手順」を説明し、メモの作り方を念入りに指導するようになってから、文章をすべて丸暗記するという学習者はいなくなった。

❹口頭要約をする時に注意すること

　教科書には口頭要約の手順の説明の後に、【教材例—❽】のような「口頭

要約をする時に注意すること」を載せてある。

【教材例—❽】口頭要約上の注意

①文体：資料の文章が常体（〜だ・〜である）でも、口頭発表のときは敬体（〜です・〜ます）を使います。

②簡単な文をならべるより、複文表現（〜て、〜するが、〜すれば、〜のに）や長い説明のある名詞句などをたくさん使ったほうがいいです。
　—どうして使ったほうがいいですか？　下の例を見て考えてみましょう。
例：わたしは日本に来ました。去年の9月に来ました。そのときまだ19歳でした。
　→　去年の9月に日本に来たとき、わたしはまだ19歳でした。

③文と文の間に接続の表現（そして・それから・それに・しかし…）を入れます。
　—接続の表現はどうして必要ですか？　ほかにどんな接続の表現を知っていますか。

④話すときは「これ・それ・その・あの…」を書くときよりもたくさん使って話します。
　—どうして書くときよりもたくさん使ったほうがいいですか。

「口頭要約をする時に注意すること」は中級における口頭要約の到達目標と関係がある。この注意事項が評価シートにも載っていて、最終的な評価に反映されるようになっている。学習者が注意するポイントが会得できたかどうかは評価と連動するので、努力すべき具体的な目標がわかりやすく提示されていることは重要である。

❺口頭要約とはどのようなものかを実感させるために

注意事項の説明の後で、第1回目の練習が入れてある。ここでは文章要約の練習で使った「おにぎり」の文章を使って口頭要約の練習をさせる。この時にメモの作り方を細かく指導する。1回目の練習の主眼は口頭要約とは何

かを理解することにある。

【教材例―❾】口頭要約の概略をつかむ

> ＜練習＞
> 「おにぎり」の文章を思い出しながら、下のメモだけを見て口頭要約してみましょう。
>
> メモ：おにぎりの説明：作り方・日本人にとって特別な時に食べるもの
>
> 　　　おにぎりの変化：コンビニのおにぎり

　学習者の中にはここに書かれたメモだけですぐに口頭要約できる者もいれば、さらにくわしい情報を入れなければこの段階ではまだできない者もいる。その場合は、原文に戻って情報を少しずつ足していくとできるようになる。
　ここでは口頭要約とはどういうものかの概略がつかめればよいので、できそうな何人かを指名して言わせる程度にとどめる。彼らの発表を聞くことによって、学習者たちはどのようなことをすれば口頭要約になるかという共通認識を持つことになる。この時点ではまだ全員そろってできなくてもよい。
　口頭要約のイメージがつかめた後で、「基礎練習2　口頭要約でよく使う表現」を導入し、口頭要約でよく使う形式を覚えさせる。

【教材例―❿】

> 基礎練習2　口頭要約でよく使う表現
> ＜構成＞
> 1）題名の紹介：①はじめに
> 　　これから　　　　　　　　　　について要約します。
>
> 2）内容について概略（だいたいの説明）を話す：②大きな説明
> 　　ここで筆者が述べていることは
> 　　この本（話）の中で心となるのは
> 　　　　　　　　　　　　　　　　　　　　　　　　　　　　　です。

3）内容を整理して、くわしく説明する：③くわしい説明
　　例　まず〜、つぎに〜、それから（さらに）〜……
　　　　1番目は〜、2番目は〜、3番目は〜……

4）大切な部分はもう一度くりかえして説明したり、全体のまとめを話す：
　　④まとめ
　　その中で筆者が特に言いたいことは 　　　　　　　　 ということです。
　　以上のことから 　　　　　　　　　　　　 ということがわかります。

5）終わり方：⑤終わりのあいさつ
　　以上で〜についての要約を終わります。
　　これで〜についての要約を終わりにします。

　表現の形式を理解させるには、口頭要約はいきなり始まるのではなく、始まる時には、「始まる」という挨拶が、終わった時には「終わった」というサインが必要である。

❻口頭要約指導の第1段階：メモを自力で作る

　次の練習では、段階を追って少しずつ難しい課題をこなすことによって、口頭要約の手順を覚えることと、口頭要約に対する自信をつけさせることを目的として指導する。

　最初に、400字程度の長さの初級後半レベルの文章を使って、メモを作る実習から始める。「おにぎり」の文章を使った練習ではメモの見本があるので、それを使って発表することができるが、ここではメモをどのように作ればよいかが指導の主眼となる。自力でメモが作れなければ、この後一人での練習で上達していくことは難しい。

【教材例―⓫】口頭要約の練習方法

> <練習1>「電車の中の日本人」の口頭要約発表をしてみましょう
> 1）読んだあとメモを作る。
> 2）メモを作ったあとで、口頭練習する。
> 3）先生に聞いてもらったあとで、録音してみる。
> 4）自分の録音を聞いて評価シートを書く。
> 5）もう一度やりなおしの録音をする。
>
> 　　　　　　　　　　電車の中の日本人
> 　日本へ来てまだ3ケ月しかたっていないが、日本人の行動の中で理解できないことがある。
> 　日本へ来たばかりのころは電車のシルバーシートの意味を知らなかったので、空いているときはそこに座っていた。あとで、シルバーシートはお年寄りや体の不自由な人のための席だと知って、とてもはずかしい思いをした。
> 　ところが、よく注意してみると、シルバーシートと書いてある席に若い人が座っていることがよくある。しかも、重そうな荷物を持っているお年寄りがそばに立っていても、席をゆずろうとしないで、そのまま座り続けている若者が多い。もちろんお年寄りを見かけたら、すぐに席をゆずる若者もいるが、それは大変少ない。何かゆずりにくい理由があるのだろうか。それともお年寄りが少しえんりょしすぎているのだろうか。
> 　日本人は礼儀正しい国民だと言われる。このことと電車の中の若者との関係をどう考えればいいのか。私にはどうしても理解できない。

　メモ作りでまず大きな問題となるのが、文章要約の時と同様に文をそのまま引き写すことである。文ではなくキーワードを書くように指導しないと、次の段階に進まない。これには学習者・指導者ともにかなり根気がいる。文が書いてあれば、それを読み上げるだけなので、確かに楽であるが、それではこの練習をする意味がないので、ここでも単語だけでメモが書けるようになるまで書き直しをさせる。

　それでも不安に思う学習者に安心感を与える練習として、まず学習者が書いてきた文を読ませた後、そこから助詞を消して言わせてみる。その後で重

要ではない単語を消して言わせ、最後にポイントとなるキーワードだけを残す。ここまで練習すると学習者はキーワードを見ただけでまとまりのある内容を話すことができる。学習者は今まで発話したことがない長い文を言えたことで自信がつき、口頭要約の練習方法を知ると同時に、キーワードだけを残す意味を理解することができる。

❼口頭要約指導の第2段階：チェックを受けて録音する

　メモができた学習者はそれを教師に確認してもらい、問題がなければメモをその場で見ながら口頭要約をさせ、学習者ができるかどうか第一次チェックをおこなう。それから学習者はチェックしてもらった口頭要約をレコーダーに録音する。その録音はフィードバックの時に使う。

　教師の前での第一次チェックは口頭でおこなうので、直したい部分があっても、本人にその部分を確認しながら直すことができない。その場で直せたにしても鸚鵡返しに直すだけで、本人が誤った部分の問題点に気づいて直しているかどうかは疑わしい。直す時は、録音したものを聞きながらの方が、問題点を具体的に示すことができて効果的である。自分で問題点に気づいて直すことができれば、以後同じような間違いはくりかえさなくなる。

❽口頭要約指導の第3段階：録音を聞きながら評価シートを書く

　録音が終わった後、録音した口頭要約を聞きながら評価シートを書く。録音するのは自分の口頭表現力を客観的に自分自身で内省させるためである。

【教材例―⓬】口頭要約の評価シートの例

```
口頭要約 表現練習 1「電車の中の日本人」：学生用 評価シート
                                    氏名：
 <内容>
 1. メモの活用：発表用のメモを作って説明ができましたか？
    a. できた       b. すこしできた        c. できていない
```

2．構成：構成①〜⑤を使うことができましたか？
　　①はじめに → ②大きな説明 →③ くわしい説明 → ④まとめ（重要な部分のくりかえし）→ ⑤最後のあいさつ
　　　a．全部使った　　b．＿＿＿＿＿が使えなかった
　　　c．1つも使わなかった

3．要点：下の①〜③について説明しましたか？
　　①筆者の経験
　　②シルバーシートについて知ったあと、筆者が見たこと
　　③筆者の意見
　　　a．全部説明できた　　b．＿＿の説明はできたが＿＿はできなかった
　　　c．1つもできていない

＜表現＞
4．文体　　です・ます体でできましたか？　　　○　　　×

5．複文表現（接続助詞：〜て、〜けれど、〜ば……、名詞句：くつをはいたねこ）が 使えましたか？
　　○使えた：＿＿＿＿＿＿＿＿＿＿＿＿＿＿＿＿＿　×使えなかった

6．文のつなげ方（接続詞：そして・それから・それに……）が使えましたか？
　　○使えた：＿＿＿＿＿＿＿＿＿＿＿＿＿＿＿＿＿　×使えなかった

7．指示詞（それ・その・あの……）が使えましたか？
　　○使えた：＿＿＿＿＿＿＿＿＿＿＿＿＿＿＿＿＿　×使えなかった

　評価シートの記入が終わると、評価シートと録音を教師に提出する。教師は指導前に提出された録音を聞きながら学習者が評価したシートを点検し、どこが問題点かを書き入れておく。それから教師といっしょに録音を聞き、評価シートの内容を確認しながら、できた点と不足している点を解説する。
　学習者は自分の発話の評価をした経験がほとんどないので、評価シートを見てもはじめは評価方法がよくわからない。たとえば評価シートにある「表

現」のところの「複文表現（接続助詞：〜て、〜けれど、〜ば……、名詞句：くつをはいたねこ）が使えましたか？」の項目では、使えていた場合は、録音の再生を中断して、使っていた複文表現を確認する。どんな学習者でも「〜て」を1回ぐらいはどこかで使っているはずなので、まずできた点を褒める。そうすることで自分が使えていたことを認識し、複文表現がどのようなものかを確認することになる。さらに複雑な構文を使っていればそれを評価する。またその一方で、複文表現に適している箇所でうまく使うことができなかった場合は、その場で複文表現にさせて言わせ、次回にどのような点に注意すればよくなるかを具体的に考える指針を与える。

このように教師といっしょに自分の録音を評価しながら、具体的に表現をチェックし、指導目標をわかりやすく理解させる。この段階ではまだ不十分であっても、「自信をつける」ことが目的なので、不十分な点よりも達成できた点を評価することが重要である。

2回目の練習の主眼は前述したように、自力でメモを作ることにあるので、メモの作り方を中心に指導するが、それ以後の手順についても時間をかけて理解させていく。

メモを作って確認し、録音させてから評価するまでの作業は学習者の能力によってタイムラグが生じるので、個別に対応できる。しかし、録音を学習者と聞きながらフィードバックするのは時間がかかるので、この時間の作り方には工夫が要る。

フィードバックは主に「文章表現」の時間におこなう。学習者に文章を書かせている時間は、教師は特にすることがないので、文章を書かせることは宿題にするという方法もある。しかし、文章を書かせている時は個人指導ができるので、この時間を有効に使って口頭表現のフィードバックをおこなうこともできる。

これが「口頭表現」と「文章表現」を合わせて指導するメリットの一つといえる。

❾口頭要約指導の第4段階：活動の仕上げ：すべてを1人でおこなう

3回目の練習では、いよいよ学習者がすべての作業を1人でおこなう口頭要約表現活動の仕上げに入る。3回目は少し長い文章で練習し、前述した一

連の作業をほぼ1人でおこなう。3回目の目標は自立してすべてをおこなうことにある。「読解する→メモを作る→そのメモをチェックする→録音する→自己評価する→フィードバックする」の一連の作業は1、2回目と同様であるが、教師は細かく指示を出さない。もちろん、細かく指示しなければまだできない学習者もいるので、そうした学習者には個別指導で対応する。

　3回目になるとだいたいの学習者は1人で作業することができ、教師は彼らの作業全体をながめながら、躓いている学習者の個別指導が主な仕事になる。

▶5　「Ⅱ．口頭要約発表のやり方　応用練習」の作成と指導

　口頭要約練習を3回実施すると、学習者の間に一つの課題を仕上げるのにかなりの時間差が出てくる。そこで早く作業が終了した学習者のためにこのUnitではさらに進んだ「応用練習1　文章からメモへ　⇒　メモから発表へ」と「応用練習2　メモから文章を作ってみよう」がついている。

　文章表現の練習に関係があるのは「応用練習2　メモから文章を作ってみよう」なので「要約」の発展練習の指導法について、以下に取り上げてみる。ここでは「『牛乳』という飲み物についてしらべて発表しようと思い、メモを作りました。言いたいことを考えて、口頭で説明してみましょう。まとめを考えてから、この発表に題をつけて発表してみましょう。」とまず説明があり、アウトラインをもとに口頭で説明した後、文章を書く練習へと続く。

【教材例―⓭】口頭要約の＜メモ＞

1．話題の紹介	：話を始める前に、「牛乳」について自分の経験などを少し話します

> 2．日本における牛乳消費の現状紹介
>   どのくらい日本で牛乳・乳製品が消費されているか（2001年調査）
>   ＜参考＞1年間で日本人1人が飲む牛乳の量：
>   日本39ℓ（リットル）⇔　デンマーク137ℓ，イギリス112ℓ　（多い国）
>   乳製品（バター・チーズ）：
>   日本2.6kg　⇔　フランス34kg・ドイツ21.6kg　（多い国）
>
> 3．日本の消費が少ない理由
>   使い方がちがう：そのまま飲むだけ（日本）⇔　西欧では料理やお菓子に。
>   牛乳を使う習慣がなかった：1945年以前、牛乳は栄養をつけるために病人や老人が飲むものだった。
>
> 4．日本人が牛乳が苦手な理由　牛乳を飲むとおなかをこわす人が多い。
>   60代以上の人は子どものころ牛乳を飲んでいない。
>   60代以下の人は学校給食でいやいや飲んだ人もいる。
>
> 5．対策：新しい牛乳の開発
>   牛乳の中にラクターゼ（牛乳の中にあるおなかをこわすものを殺す酵素）を入れた牛乳を開発して売り出した。
>
> 6．まとめ　自分で考えてまとめを話してください。

「応用練習」は上記のメモだけを見てその内容を自分で考えて説明する練習である。メモにはデータ（日本と西欧の牛乳消費量の比較・日本の牛乳消費量が少ない理由）があるので、「導入・まとめ」の部分は自分で考えて説明しなければならない。

ここでは学部進学後に指導することになっている「レジュメ」を先取りして提示してある。限りなくレジュメに近いメモを見ながら、このようなメモが発表しやすいことを理解することも目的の一つになっている。

このメモの録音が終わってもまだ時間が余っている学習者には、録音した内容を文章化させる課題を課す。構成も「導入・データ紹介・原因分析・ま

とめ」とはっきりしていて、すでに口頭で発表しているので、文章化のための指導は特に要らない。

▶6 「Unit 1 要約文から演習発表へ」終了後の指導

「Unit 1 要約文から演習発表へ」はだいたい3週間から4週間程度で終了し、次のUnitに進む。しかし、これで要約指導が終わりになるわけではない。文章要約も口頭要約も1回の指導で身に付くスキルではない。適度な間隔を空けて練習をくりかえしおこなうことで確実なものになる。

文章要約は主教材テキストの読解文の精読が終わった後、毎回要約文を書かせる課題を出し、全部で10回以上は添削・指導をすることは前述した。同様の作業を口頭要約でもおこなう。理想をいえば文章要約のように各課が終了するたびに口頭要約試験ができるとよいのだが、フィードバックに時間がかかるので、月に1度ぐらいの実施が現実的であろう。

❶口頭要約試験実施の手順

まず、Unit 1が終わった直後に1回目の口頭要約試験を実施する。主教材の一つの課が終了した時、学習内容が定着したかどうかを確認するために文法・漢字・語彙・読解などの「まとめテスト」を実施している機関は多いだろう。その時いっしょに口頭要約試験もおこなう。広い試験会場に中級レベルの学習者全員を集めて文法・読解・漢字の筆記試験を一斉に実施する。時間ごとに学習者はその筆記試験の会場から決められた場所に行って5分程度の口頭要約試験を受け、終了したらまた元の会場にもどって筆記試験を続ける。

試験実施の前の授業時間を使ってメモ作りをさせ、メモをチェックした後、そのメモを見ながら口頭要約をおこない、教師がそれを聞いてよりよいものにするためのアドバイスをする。このときはまだ評価・録音をしない。これは次の時間におこなう口頭要約試験に向けての練習である。ここで作ったメモは口頭試験の時に持っていき、口頭試験が終わったら提出させて、メモも評価対象とする。

この時注意しなければならないのは、試験後に提出するためのキーワード

しか書いていないメモと、実際の試験で使う暗記用の文を書いたメモの2種類を作る学習者がいることである。初めての試験で緊張していることもあるが、要約文の丸暗記ではいけないことを注意しなければならない。

❷口頭要約試験を毎月実施することの意味と問題点

　口頭要約試験を毎月実施するのは、集中して1回指導しただけでは口頭要約スキルが定着するとは思えないからである。時間を置いてくりかえしおこなうことで、3ヶ月後の3回目になるとほとんど注意をしなくても、メモが書けるようになり、はじめは緊張のあまり簡単な表現しか使えなかった学習者も、回を重ねるごとに複雑な構文で説明できるようになる。

　この試験は筆記試験を合同で一つの教室に集めて実施し、そこから抜け出して、学習者は指定された時間と場所に口頭試験を受けに行く形式になっている。終わったら試験会場に戻って筆記試験を続けるので、厳密な試験という点からは問題がある。

　また学習者の中にはテストを解く集中力が途切れることを嫌う者や、最初に口頭試験が終わればあとは他の試験に集中できるので一番最初が有利であると考える者もいる。そのため、テストの順番は毎回変えたりするなどの配慮が必要となる。

　ほかにもっと適切な試験方法はあると思われるが、時間と人手をかけずに個人面談方式の口頭試験をするには上記の方法以外にないので、口頭試験の担当者のほかに最低1名は筆記試験の監督に人手が必要となる。そこで筆者の機関ではＴＡ（Teaching Assistants）をそれに充てている。

3.「Unit 2 グラフ解説文からプレゼンテーションへ」の作成と指導について

▶1 「グラフ解説文からプレゼンテーションへ」作成時に起きた問題

❶教材に適したグラフ探し

　グラフ解説文はどの作文の教科書にも取り上げられており、中級クラスで学ぶ以前にグラフを説明する文章を書いた経験がある学習者を対象とする場合が多い。したがって基本的な書き方がわからないなどの大きな混乱は起きにくい。

　しかし、予備知識がなくても簡単に原因を分析することができ、かつ学習者の興味を惹きそうなグラフを探す必要がある。グラフで示される事実や傾向がわかりやすく、またその変化の原因・理由が特別な背景知識なしに推察できるグラフを探すのは難しい。

　グラフは新聞や雑誌などで学習者の興味を惹きそうなものを見つけたら、そのつど集めておくことをお勧めする。グラフの選択の際に留意する点は学習者にとって身近な話題であること、着眼点が一目でわかること、データが古くなりにくいことの３点である。

　グラフの内容が学習者にとってなじみのないものは、その事象を理解するのに手間取って、「日本事情」の授業なのかグラフ解説の授業なのかわからなくなってしまう。たとえば日本の「葬式費用」の年度ごとの推移や国際比較などは興味深い題材であるが、なぜ日本では葬儀がこんなに高額なのかは日本の葬式のシステムそのものを知らなければ理解できない。その複雑な仕組みを説明した後でグラフ解説に入ったのでは、指導の中心がどこにあるのかわからなくなる。

　一方で、各国の都市の年間気温の推移は、一目で事実を読み取ることができ、気温の推移の事実を確認する表現ができればよい。しかし、グラフからわかる事実を表現するだけでは、初級における表現練習の場合にはよいかもしれないが、さらに原因分析表現の練習もしなければならない中級ではもう少し背景を分析できる複雑なグラフがよい。

着眼点が一目でわかるというのは、説明しなければならない箇所が、誰が見ても数点にしぼれるということであり、これは練習をさせる際に重要なことである。初級の学習者はグラフから読み取れる事実を羅列する傾向がある。中級ではすべての情報を取り上げるのではなく、必要な情報を選び出すことも指導項目に入る。そのためにも着眼点がわかりやすいグラフがよい。一方、様々な視点から考察が加えられるグラフはそれを読み解くうえでは興味深いが、混乱もしやすい。このレベルではそれは高度すぎるのでポイントを一つか二つにしぼれるものがよい。
　グラフは今回すべて筆者本人が作図したが、それは著作権のことを考えたためである。政府が出しているものは著作権フリーなので、政府刊行物に載っているグラフを使えば問題はない。

❷パワーポイントを使った指導を最初からすべきか

　「グラフ解説文からプレゼンテーションへ」で起こった指導上の問題の一つに、予定している指導を前倒しして実施してしまうことがあった。最終目標がPower Pointを使った発表なので、最初からPower Pointを使う方が学習者にとっても二度手間にならず、Excelで作図したグラフを拡大印刷する手間も省けるので、指導する教員もその方が効率的だと判断したためである。最初からPower Pointを使って的確に習得しておくべき重要なポイントを指導することができれば、はじめから使うことに問題はない。しかし、そのためには次のような問題が生じることをあらかじめ認識しておく必要がある。
　一番大きな問題点はPower Pointを使うと発表が上手に見える傾向があることである。Power Pointはそのために開発されたソフトなので、「うまく見える」ならばそれでよいと考えるかもしれない。しかし、ここでの練習はプレゼンテーションそのものを目的にしているわけではない。練習を通して覚えるべきことが身に付いたかどうかを確認したり、学習者に不足の点を気づかせたりする指導をしなければならない。しかしPower Pointを使った場合、見た目にごまかされて指導すべき点を見逃してしまうことがある。
　紙に書いたグラフ（実際はExcelで作図したものをＡ３判に拡大したもの）で説明した場合、発表を聞いている人の関心は発表そのものに向けられるが、Power Pointを使った場合はその出来栄えに気をとられる。また学習者の関

心もPower Pointを美しく仕上げることに向き、様々な色を使ったり、動画を挿入したり、グラデーションに凝ったりなど、スキルがあればあるほどその作成に熱中する。その結果、一番はじめに覚えておかなければならない発表の手順がおろそかになりがちになる。

また、Power Point使用時の欠点として教室を暗くしなければならないという問題がある。聞いている人の顔を見ながら、その反応を確認しつつ発表をおこなうという基本的なことがおろそかになり、Power Pointを使うことによって聞く人も発表する人も視線がスクリーンに向いてしまいがちになる。

以上のことから順を追って発表の練習をおこない、最後にPower Pointの力を借りて達成感を学習者に持たせることが理想であると考える。

❸パソコン指導の問題

『日本語中級表現』作成当時の2000年代の初め頃はまだPower Pointというソフトが普及しておらず、自分のパソコンを持っていない学習者も多数いたので、ローマ字入力などのパソコン操作の基本的なところから指導をおこなっていた時期があった。Word、Excel、Power Pointの作成について学期を通して順番に少しずつ学ばせ、表現の授業と連携をとりながら最終発表に結びつけるよう授業進度の調整をしなければならなかった。

しかし、近年学習者たちは急速に母国でコンピュータ・リテラシーを身に付け、現在では希望者に課外授業でExcelやPower Pointの指導をおこなう程度になっている。これについては隔世の感があるが、まだひらがなの入力方法から始まる基本的な指導が必要な学習者が少数ながらいることは確かなので、それらの学習者に配慮しつつ指導が省けるところは省くという臨機応変さが求められる。

日本語のローマ字入力は初級の段階でまとめて指導して慣れさせ、中級レベルでは日本語の入力に関しては問題ない状態であることが望ましい。

▶2 「Ⅰ．グラフ解説の練習」の作成と指導

❶グラフ解説文指導のポイント

　グラフ解説文指導で注意すべきことはグラフから読み取れることを羅列しないということである。このレベルの学習者が陥りやすいグラフ解説のし方は、データとして読み取れる事実をすべて書いてしまうことである。グラフからわかる事実の説明は注目すべき点だけでよいということがなかなか伝わりにくい。

【教材例—⓮】グラフ解説文の構成

```
＜基本的な構成＞
① はじめに ……グラフで調査した内容について簡単な説明をする。いつ・
　　　　　　　　どこで・誰が調査したのか、その方法など。

② グラフ解説部分 ……グラフからわかる事実＋その原因＋自分の考え

③ まとめ ……グラフからわかった大切だと思うことをくりかえして説明す
　　　　　　　る。グラフ全体についての問題点や対策などについて書いて
　　　　　　　もよい。
```

　最初にグラフ解説文の基本的な構成を提示し、構成を頭に入れたうえで例文**【教材例—⓯】**を読む。

【教材例—⓯】グラフ解説文の例

下のグラフ解説文を読んでみましょう。それから問題の①〜⑤に答えましょう。

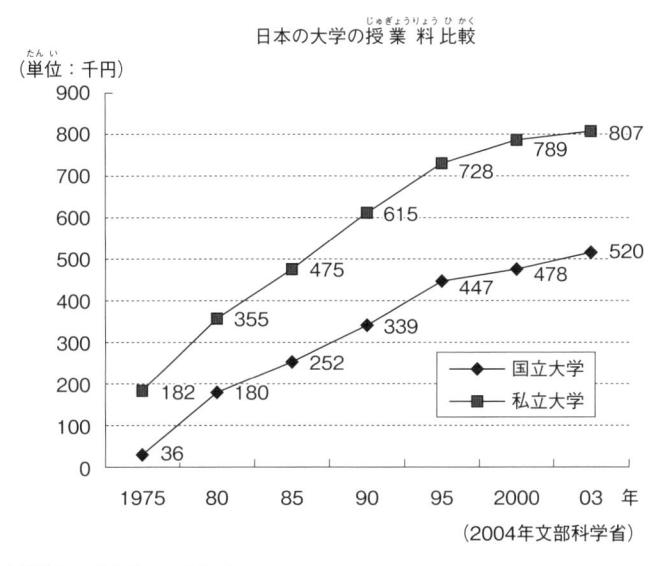

日本の大学の授業料比較
(単位：千円)

- 国立大学：1975年 36、80年 180、85年 252、90年 339、95年 447、2000年 478、03年 520
- 私立大学：1975年 182、80年 355、85年 475、90年 615、95年 728、2000年 789、03年 807

(2004年文部科学省)

日本の大学はいくらかかるか？

はじめに

日本の大学で勉強したいと考える留学生にとって、一番大きな問題は大学の授業料が高いことである。国立大学だから安いかというとそれほど安いわけではない。また、特に最近そう考える人が増えているように思える。そこで、日本の大学の授業料はどれくらいかかるのか、また、金額がどのように変わってきたかについて、文部科学省の資料をもとに調べてみた。

グラフ解説部分A（グラフからわかる事実の説明）

　このグラフを見ると、私立大学と国立大学では授業料が大きくちがうことがわかる。2000年に私立大学の平均は80万円ぐらい、国立大学は50万円ぐらいである。また私立大学はこの30年間で4.5倍に増えているが、国立大学は17倍とかなり授業料があがり、今では私立大学との差が1.6倍ぐらいに縮まっている。それはこの30年間高度経済成長によって日本人の所得が上がったためで、所得がそれほど上がらなくなった2000年代以降、授業料もそれほど上がることはなくなっている。国立大学と私立大学の差が大きいことが問題となった結果、現在は2倍以下になっている。

まとめ

　日本の大学は国立大学でも私立大学でもけっこうお金がかかる。国立大学がなくなって独立行政法人になった結果、旧国立大学の授業料はこれからさらに上がることが予想される。その結果お金がなくて大学進学をあきらめなければならない学生が出ないよう、奨学金をもっとふやすなど、今後考えていかなければならないといえる。

<練習問題>
① 上の文章で書かれている「グラフからわかる事実」は何ですか。
② それ以外にどんなことがわかりますか。
③ その理由についてここでは何と説明していますか。
④ 旧国立大学と私立大学の差はどうなるといっていますか。
⑤ 「グラフからわかる事実」についてすべて説明してはいけません。それはどうしてですか。

　たとえば事前指導をしないで「日本の大学の授業料比較」のグラフからわかることを書きなさいという課題を出すと、多くの学習者は「1975年に国立大学の授業料は3万5千円であったが、私立大学は18万2千円だった。また1980年には……」と書きがちだが、それではよいグラフ解説文にならないことを学習者たちに考えさせたほうがよい。そのため問題⑤に「『グラ

フからわかる事実』についてすべて説明してはいけません。それはどうしてですか」という問題を入れてある。これはぜひ一度取り上げて学習者自身が考えるべき問題である。この点を理解させたうえで次の問題に進まなければ、いつまでも同じことをし続けることになる。

　ここでは最初に例文を読みながら、グラフ解説文の構成の説明をしておくとよい。グラフ解説文は構成がパターン化しているので、構成を意識した文章を書かせるのに向いている。例文を使いながら「はじめに（導入）・グラフ解説（事実の記述・原因分析）・まとめ」の３部構成を理解させる。

❷グラフの名称・表現を指導する

　グラフ解説文の例を示した後で、グラフの種類（円グラフ・棒グラフ・線グラフ・帯グラフなど）について整理し、それぞれ母語ではなじみの形状のグラフを日本語ではどう表現するかを紹介する。グラフの特色については母語で知っているはずなので、特にここで取り上げる必要はないかもしれないが、グラフの呼び方は独特なので一度紹介しておいたほうがよい。

　次に「グラフの説明に使う表現」を挙げているが、これは最小限度にとどめて紹介している。

【教材例―⓰】

```
3) グラフの説明に使う表現（ひょうげん）

　┌──────────────────┐
　│グラフからわかる事実（じじつ）│ で使う表現（ひょうげん）
　└──────────────────┘
❶　データの出典（しゅってん）（そのグラフがのっていた本や調査（ちょうさ）の名前など）の
　　説明をする
　　　＊＊で調査（ちょうさ）したアンケートによれば／〜によると……
　　『世界の統計（とうけい）2002年版（ばん）』では……
❷　一番大（いちばんおお）きな部分（ぶぶん）（変化（へんか）・量（りょう））を説明する
　　＜少ない場合＞〜に満たない・〜にすぎない・〜にとどまっている
　　＜多い場合＞　〜に上（のぼ）る・〜に達（たっ）する・〜に及（およ）ぶ・〜を占（し）める
　　＜変化（へんか）のようす＞じょじょに／だんだん／急に
　　＜変化（へんか）がない場合＞　あまり変化していない・横（よこ）ばいである
```

❸ 比較して述べる
　Aは……。一方／これに対して／これに反して、Bは……。
❹ データを説明したあと、その説明からわかることをもう一度まとめる
　つまり……ということが　わかる／いえる／明らかになった

グラフの解説 で使う表現
❶ 原因・理由を説明する
　……のは……のためである／のためによる／による
　……の原因は……ことである
　※～は単語が一つ、…には句や文が入ります。

　ここでたくさん提示しても、学習者が実際に使えるものはそう多くない。確実に覚えられるようによく使われるものだけを載せてある。用例があまりたくさんあっても、学習者が実際に使う時に困ると思うからである。
　たとえば、「❷　一番大きな部分（変化・量）を説明する」の「多い場合」の例として「～に至る」も考えられるが、この語は中級ではまだ使えなくてもよいと考えて入れていない。どれを使っても文体上問題のなさそうな表現にしぼってある。

❸教科書にはどのようなグラフを載せたらよいか

　最後に【教材例―⓱】のような「グラフ解説文を書いてみましょう」という練習問題が載せてある。「▶1「グラフ解説文からプレゼンテーションへ」作成時に起きた問題　❶教材に適したグラフ探し」（p.84）の項で、教科書に採用するグラフとして「学習者にとって身近な話題であること、着眼点が一目でわかること、データが古くなりにくいこと」の3点を挙げたが、ここで採用したグラフはそのことを考慮して選んだものである。
　特にグラフが「古くなってしまう」問題点を考慮して選んだ。古いデータでは学習者の関心が薄くなってしまうが、データであるかぎり古くなるという宿命から逃れられない。特に出版を考えるならば、この問題をどうするか考えておくべきである。毎学期の授業でグラフ解説文を書かせる場合は、その時に関心の高そうなテーマのグラフを用意し、そのグラフが最新のもので

あるかに注意すればよい。しかし、出版するとそこに載っているデータは確実に古くなっていくことが予想される。本をすぐに改訂して新しいデータに書き換えることは難しいので、できるだけ古くなりにくいグラフを載せたいと考えた。

その結果、過去に劇的な変化が起きた後、その変化の傾向が続くグラフを載せることにした。過去に起きた劇的な変化は何年経とうとその事実は不変である。その後起きた変化の傾向が現在でも同様に続いていると推測することができるものであれば、最新のデータが5年前であってもそれほどそのグラフそのものを古いとは感じない。

そこで「日本人の死に場所」と「生まれ変わったら男がいいか女がいいか」という二つのグラフを練習問題に入れることにした。次ページの【教材例—❼】のグラフがそれである。

「① 日本人の死に場所」は1955年には80％の人が自宅で死んでいたのが、急速にその割合が減っていって、20年後の1975年には50％となる。病院で死ぬ場合と同数に並び、以後さらに減り続け、20年後の1995年には病院と自宅が1955年当時と逆転して自宅で死ぬ人は20％近くまで減り、さらに自宅で死ぬ人の割合が減り続けているというグラフである。

【教材例―⓱】教材に適したグラフ

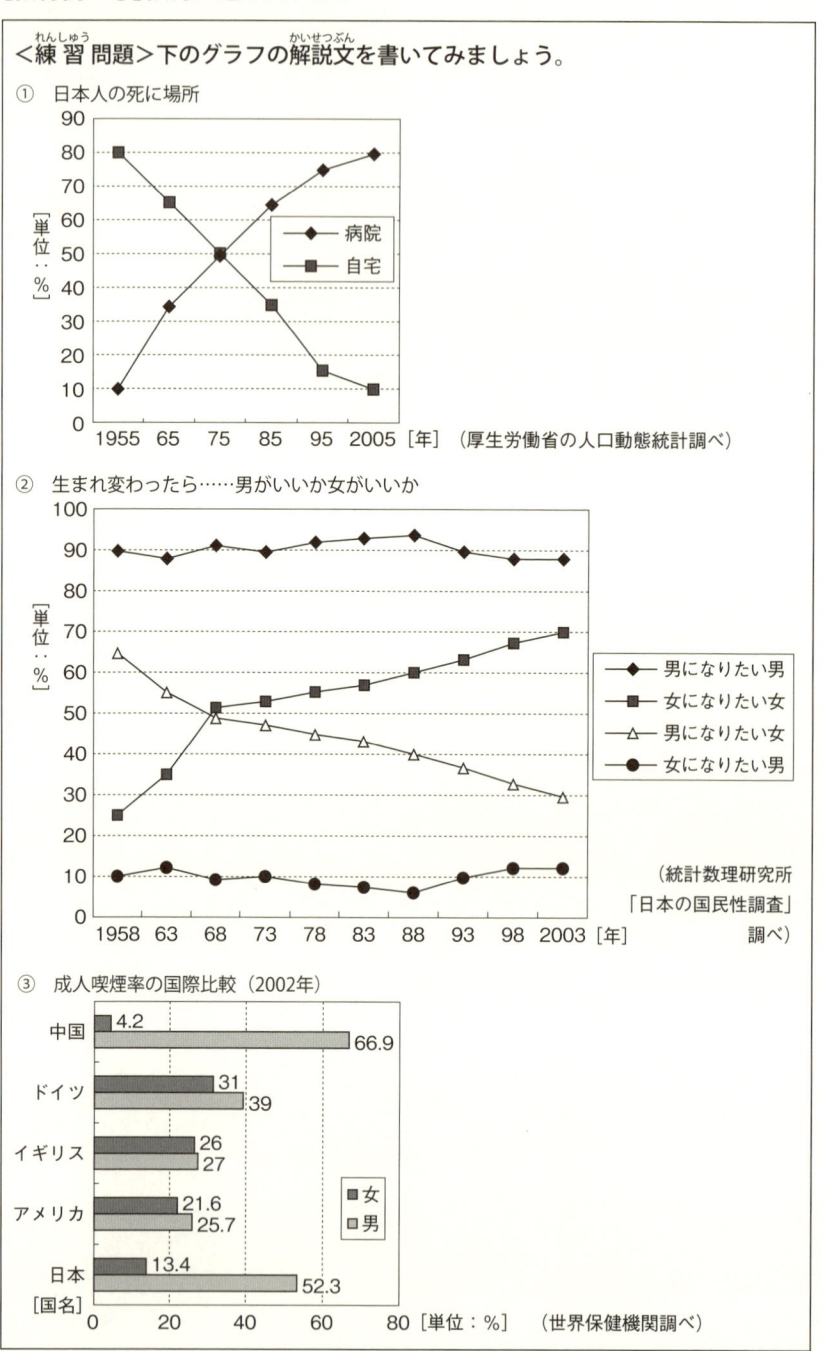

＜練習問題＞下のグラフの解説文を書いてみましょう。

① 日本人の死に場所

[単位：％]

凡例：病院／自宅

1955　65　75　85　95　2005 [年]　（厚生労働省の人口動態統計調べ）

② 生まれ変わったら……男がいいか女がいいか

[単位：％]

凡例：男になりたい男／女になりたい女／男になりたい女／女になりたい男

1958　63　68　73　78　83　88　93　98　2003 [年]

（統計数理研究所「日本の国民性調査」調べ）

③ 成人喫煙率の国際比較（2002年）

国名	女	男
中国	4.2	66.9
ドイツ	31	39
イギリス	26	27
アメリカ	21.6	25.7
日本	13.4	52.3

0　20　40　60　80 [単位：％]　（世界保健機関調べ）

ちょうど二つの変化が1975年時点で交差するX型グラフで、その変化が劇的に進行したことがわかる。かつては大半の日本人が自宅で死んでいたものが1975年に同数になり、その後逆転して大半の人が病院で死んでいるという傾向は現在でも続いている。出版から何年経とうとこのグラフの中心となる事実、「1975年から逆転する」は動かない。このようなグラフであれば10年後にこの練習問題をやっても、そこから読み取れる事実は「古い」、今はこうではないと学習者に不満に思われない。着目しなければならないポイントが過去に起きたことで、どのような時点で扱ってもその傾向が続いていると思われるからである。
　このグラフは変化の原因が何通りも考えられる点でも興味深いグラフである。核家族化・住宅事情の変化・医療技術の進歩・病院の数・経済力の上昇・急激な高齢化などさまざまな視点から原因を考えることができる。また、この問題は普遍性があり、どこの国でも同じような状況にあるため、日本の特殊な事情を理解していなければ原因がわかりにくいということもない。それでこのようなグラフを探して練習に載せることにした。
　「生まれ変わったら」のグラフは「日本人の死に場所」と同様のX型の変化のほかに、変化しないことを表現する練習ができるので載せた。このグラフは、変化する時の表現だけでなく、「横ばい」など変化しない時に使われる独特な言い方を練習させることにも適している。
　構成のところで述べたように、グラフ解説文は事実の記述とその原因分析からなる。事実の記述についてはある程度表現のし方を教えることができるが、原因分析については本人が考えなければならない問題である。大学進学を希望する学習者にとって、この「分析力」は進学の適性を見ることのできる一つのポイントともいえる。しかし、分析力を支えているのは、その事象の背景に見え隠れする歴史的・社会的知識である。これがなければどのように観察力・分析力が優れていても答えを導くことはできない。母語で持っている知識をどのように外国語で表現するかという点で支援することはできるが、気づきを促す指導には工夫が必要である。
　指導方法としては、文章を書かせる前に学習者たちにそれぞれ意見を出させる。そうすると、気づくことができる学習者から様々な意見が出て、そうではない学習者はそれを聞いて参考にすることができる。意見が出つくした

ところで、まだ出てこない重要な点があれば教師が補いながら要点をまとめ、場合によっては日本における事情の説明などをして、実際に書く指導に入る。

そうした活動に適したグラフとして「成人喫煙率の国際比較」を載せてある。男女の喫煙の違いを比べると、中国・日本では男性が多く、欧米ではその差はあまりない。また、欧米とアジアの男性同士を比べるとアジアが高く、欧米が低い。しかし欧米とアジアの女性を比べると欧米が高く、アジアは低い。事象で注目すべき点はこの3点であるが、これをどのように解釈するかは、それぞれの知識を集めればそれほど難しいことではない。

中国・日本を一つのグループと考え、ドイツ・アメリカ・イギリスをもう一つのグループと考えられるか、男女の違いを横断的に見られるかがこのグラフ解説のポイントとなる。つまりグルーピングの練習がここでできる。

グループ分けができずに、一つ一つの事象に気をとられる学習者は中国の男性は70％、ドイツの男性は39％と個々の違いを述べるだけにとどまってしまう。そうならないように様々な意見を出させながら、グルーピングをしたグラフ解説の方法に誘導していく必要がある。

近年この「気づき」を促すための指導にピア活動を取り入れ、学習者同士で話し合いをさせて書く内容を深める支援をするとよいという報告がされている[8]。指導に時間をかける余裕があれば、ピア活動をやってみるのもよいかもしれない。

❹グラフ解説の口頭練習

一つのグラフを見て事実・原因分析の構成を持つ文章が書けるようになると、次はそのグラフを口頭で説明する練習に入る。これは前章の要約活動と比べると文章表現から口頭表現への乖離が少ないので、比較的スムーズに移行できるようだ。スムーズに移行できるということは逆に、文章表現と口頭表現の違いを考えさせながら話す活動をさせることができる機会であるともいえる。「要約」のように移行そのものが難しいときには、「文体」の違い以外の相違点についてはあまり問題にせず、口頭で説明できることだけにポイントをしぼった方がよい。

注〉
[8] 池田玲子・舘岡洋子 (2007)

ここで指導すべき口頭表現に関する注意点を以下の［話すときの注意・工夫］でまとめて提示している。

【教材例―⓲】口頭表現に関する注意

> ＜問題＞
> P.32「日本の大学はいくらかかるか」を例に、先生が説明をします[9]。それをよく聞いて、グラフ説明をする時にはどんなことに注意したらいいか考えてください。
> ［話す時の注意・工夫］
> ① 文体はどうですか。
> ② 道具はどんなものを使いますか。
> ③ どこを見て話していますか。
> ［話す内容を聞いてわかりやすくするための注意・工夫］
> ① どんなところを強く、繰り返して説明していますか。それはどうしてですか。
> ② 難しい漢字の言葉をたくさん使っていますか。
> ③ 代名詞（これ・それ）をどんなところで使っていますか。
> ④ 接続詞（しかし、そして……など）はどんなところで使いますか。接続詞を使うとどんな効果がありますか。
> ⑤ その他どんなことに気がつきましたか。

　グラフ解説文の文章表現の練習で使った「日本の大学はいくらかかるか？」(p.89)を例にすると、内容・表現などは既習なので口頭表現の際のポイントに注意を向けることができる。実際に教師がやってみせてもよいし、先輩たちの発表を録画してあれば、それを見せながら実際の場面を確認できるので効果的である。もしよい例と悪い例とがあれば、それを比較することによって、発表のポイントに気づかせることができる。

　留意しておくべき点は、ここで学習するスキルは一度教えたからといって身に付くものではなく、くりかえし学期が終わるまで指導していかなければならないということである。

注〉
[9] 前述(p.89)の「日本の大学はいくらかかるか」のグラフを見ながら、教師が説明の実演をする

❺グラフ解説の応用練習

　次にグラフ解説練習の応用段階では、複数のグラフを使ってテーマに即した説明をするという段階に進む。一つのグラフを使ったグラフ解説のための表現を身に付ける基礎練習が終わると、次には複数のグラフを使った実践的な練習へと移る。

　一つのグラフを解説する場合はグラフ解説の表現そのものにポイントを置いて指導することができる。複数のグラフを使う場合は、表現がある程度身についてから、練習に入らなければ、注意すべき項目が多すぎて効率的に表現を身に付けることができない。まずグラフを見てから何を書くか中心テーマを決め、その後で全体の構成を考え、それぞれのグラフについての説明を相互にテーマに関連付けてまとめる必要があるなど、複数のグラフの場合は作業が一段と複雑になる。

　ここでは基礎練習の通常の順番である文章表現でまず型の復習をしてから口頭表現へという手順を変えて、最初に口頭表現で複数のグラフを使って発表をした後で、まとめとしてその発表を文章化する。実際の活動では3～4人のグループにテーマごとに違う4枚のグラフを渡し、4人で話し合って発表内容を決め、分担してみんなの前で10分から15分程度の発表をする。発表の構成は「はじめに・各グラフの説明・まとめ」の三つの部分からなっている。発表した後でその結果を個人がそれぞれ文章にまとめるという作業を課している。準備・発表・文章化でそれぞれ3コマ使う。

　テーマとしては「国際結婚」、「喫煙」、「老後の暮らし方」、「少子化」といったよく新聞などに取り上げられる話題で、グラフを説明しながらまとめを導くことができそうなものを選んでいる。

　『日本語中級表現』には「日本に来る外国人旅行者」に関する三つの表（表1「日本を訪れた国籍別旅行者数」・表2「外国人旅行者が訪れたところ」・表3「観光客の日本国内での支出」）と二つのグラフ（グラフ1「外国人旅行者受け入れ上位国」・グラフ2「個人旅行と団体旅行の比率」）が載っている。そして、それを使って発表をおこなう際に、どのように作業を進めるかの手順が示してある。

　実際の教室活動をグループワークにしたのは、互いに意見を出しあうことで論が深まるからである。また、それぞれが自分の役割を考え、助けあうこ

とでテーマ通りの発表が無理なくできるようにすることである。一つのグラフを見てその解説しかできなかった学習者でも、グループでの発表準備や発表活動を通して全体のテーマを立ててから各論をまとめ、結論を導きだす手法を一度経験する。その結果、発表後に文章化するときには自分たちがおこなった発表を参考にして「まとめ」の部分を書くことができるようになる。

❻グラフ解説練習の総まとめとしての文章化指導

複数のグラフを使った発表の文章化は発表した後ですぐに書かせるのではなく、「応用練習2　グラフ解説文まとめ（文章表現）」（p.48参照）のところでまず構成を考えさせた後でおこなう。

【教材例—⓳】アウトラインを利用した文章化指導

1）グラフ解説文の構成2

　A：グラフからわかる事実の説明　　B：その事実の原因・理由　がグラフ解説の中心となります。それ以外にどんなことを書くと、まとまったグラフ解説文になるでしょうか。

①はじめに　（レポートや論文の序論にあたる）
　a　ふつうに言われていることを紹介しながら、話の中心が何であるかを読んでいる人に知らせる。最初からグラフに関係する文で始めない。
　b　自分で調査した場合は調査方法などをここに書く。

②中心に書くこと（本論）
　A：グラフからわかる事実の説明　　B：その事実の原因・理由
　一段落（パラグラフ）にまとめて A ・ B を書いてもいいし、たくさん書くことがある場合はAとBで段落をかえてもいい。

> 例
> 第1段落：国別の旅行者数（事実の説明＋その原因・理由）
> 第2段落：旅行者が行った場所（事実の説明＋その原因・理由）
> 第3段落：旅行の形式と支出の関係（事実の説明＋その原因・理由）
>
> ③まとめに書くこと（結論）
> 　今まで書いてきたことをかんたんにもう一度説明して、そのことについての自分の意見を書きます。

　前章「要約」で学んだ文章の「アウトライン」という考え方をここで確認する。文章の設計図にあたる「アウトライン」はグループで練習した口頭発表の構成を利用できるので、この時点でほぼできあがっている。そこで、すぐにアウトラインを書かせてみても、躓くことなく書くことができる。

　ここでの指導の主眼は文章化そのものよりアウトラインの作成の方にあるので、アウトラインの事前チェックを必ずおこなった後で文章化させる。文章化する時間がとれない場合はアウトラインチェックだけでもよい。

　文章化のポイントはアウトラインどおりに文章がまとめられているか、またグラフ解説表現を問題なく使うことができるかである。グラフ解説表現が口頭表現の時には曖昧であっても、文章にすることによって再度表現を確認し、確実に定着させることができる。

　応用練習で使用したグラフ・表をもとに「日本に来る外国人旅行者」という題で1,200字程度の作文例が載せてある。

【教材例—⑳】原因・理由の書き方の練習

> 　関西では＿＿＿＿が人気で、意外なことに古都京都は3位になっている。これは日本の近くにある東アジアの国々の人にとって京都にある寺や神社は＿＿＿＿＿＿＿＿と思われるためではないか。

　教科書には上の文章のように、文章中に下線があって、学習者にその部分を考えさせる練習がついている。こうすることで、そこに出てくる表現を参考にして原因・理由の書き方などを練習することができる。

文章表現では必ず「清書」をさせる。ここでは5段落構成800字程度の文章を書くことを目標としているので、一度書いて提出させた後に問題点を直して返却し、清書して再提出することを課題にする。作文の提出は手書きでなくてもよいことにすると、文字を書くことが苦手な非漢字圏の学習者でも清書することがそれほど苦にならないはずである。

▶3　「Ⅱ．プレゼンテーションの練習」の作成と指導

　ここでの目標はインタビューした結果をもとに資料をまとめてプレゼンテーションをおこない、その結果をレポートの形式でまとめることにある。

❶プレゼンテーションとは何か

　まず「基礎練習1　プレゼンテーションとは何か」でプレゼンテーションの目指すこと、特色、注意点などを、特に「書くこと」との違いに注目して以下の表をもとに考えさせる。

【教材例—㉑】

<問題>
「書いて説明する」場合と比べて「話して説明する」時にはどんな特徴があるか表の右側に書きなさい。

書いて説明する	話して説明する
のこる	
何度でも読める	
相手のことがわからない	
文字・表・グラフ	＋どんなものがありますか

　発表では、プロミネンスや話す速さのコントロールがどのような効果を生むか、Power Pointなどで作成する視覚資料は、書いたものを読む場合と違ってその場で資料を見るだけなので、細かい数字を入れたグラフは適さないこ

となどをそれぞれ考えさせる。

　また、漢字語彙が多い発表はわかりにくいので、難しい漢字語彙はなるべく簡単な語彙に変えるか、または意味を説明しながら使うなど聞いている人に理解してもらう工夫をするように注意する。

❷プレゼンテーション活動で何をさせるか

　ここでおこなうプレゼンテーション活動は、インタビューでわかったデータを集計して発表用の資料を作り、何人かの前で発表することを目標とする。この一連の活動を1回で終わらせず、2回させることがポイントである。

　違うことを2回させるのは、それぞれの作業手順を覚えるだけでも大変なのであまり効率がよいとはいえない。一方、同じことを2回させるのでは学習者によっては退屈に感じてしまう場合もある。そこで1回目と2回目では調査対象者を留学生から日本人へと変え、2回目の調査では知らない日本人に質問をさせることによって緊張感を持たせる工夫をする。

　1回目の留学生に対する調査は練習に当たり、失敗したとしても調査対象が身近な留学生同士なので違う質問を作って再度調査したり、データが足りない場合はすぐに追加の調査をすることもできる。この時にアンケート調査でどのような注意が必要かを実体験できることは重要である。

　その結果を踏まえて2回目の日本人相手のアンケート調査では問題点を修正することができ、両者を比較することによって発表内容に深みが出る。授業後にアンケートを採ると、このテキストでおこなう表現活動の中で一番おもしろかった活動としてプレゼンテーションを挙げる学習者が多い。発表内容が充実するように工夫して段階を追って発表をさせているので、その結果に満足するのは当然ともいえる。

　1回目と2回目の大きな違いは二つある。1回目は練習と位置付けているので、まず学習者同士でインタビューし合って、「留学生における……」というテーマで発表する。発表は自分でExcelを使って作図したグラフを黒板に貼って説明するというシンプルな形でおこなう。2回目は同じテーマで今度は日本人学生にインタビューして結果をまとめ、第1回目の結果と比較しながらPower Pointで発表する。つまり、調査対象と発表手段は1回目と2回目とで違うが、それ以外のインタビュー結果を集計してまとめる作業や、

発表で使う表現などは同一にしてある。

❸インタビューのテーマを決めるときに注意すること

　まず初めにしなければならないことは、発表テーマを考えて、インタビュー項目を決めることである。テーマの選び方がこの後の発表の成否を決めるといっても過言ではない。教師のアドバイスが重要になるが、教師の予想を超えておもしろい発表になることもあるので、何度指導していてもスリルがあり、教師にとっても楽しいひとときである。

　ここでは留学生と日本人とで回答に差が出ることが予想されるテーマを考えるように留意する。学習者たちが必ずといっていいほどテーマに挙げるものに「旅行」、「読書・映画」、「アルバイト」などがある。これらのテーマで調査すると、留学生と日本人の回答で必ず差が出るので、安心して次の作業に進むことができる。

　逆に、過去に立ち往生したケースは「排便の習慣について」、「セックスについて」、「同性愛」などの個人的に深く立ち入った話題や、「チベット問題」などの政治的な話題である。前者のような話題を調査したいという学習者は欧米の学生に多く、自分たちの国では見知らぬ人にこのようなプライベートなことを質問しても問題がないからやりたいと言う。しかし、日本人に対するインタビュー調査では問題があるからと説得して他のテーマに変えさせたことがあった。「同性愛」については学習者の希望どおりにさせたところ、日本人はその問いに答えたがらないのではないかという教師の心配に反して、結果はおもしろいものに仕上がった。この例などを見ると、常識的な教師のアドバイスが学習者のやる気を損ねている場合もないわけではないことがわかる。

　「チベット問題」の場合は、学習者も深い知識があったわけではなかったので、「知っているかどうか」以外の質問を考えつくことができず、結局途中で断念した。このテーマではおそらく日本人学生に聞いたとしても、「知らない」の一言で終わってしまい、おもしろい分析結果が期待できない可能性があっただけに、断念してくれて安堵したケースである。

　インタビュー項目を考えさせる前に次の【**教材例**—㉒】のような注意点を確認する。過去に問題のあった例を踏まえて、どのような点に注意したらよ

いかを考えさせるとよい。

【教材例—㉒】インタビューの注意点

> **1）インタビューをする前に**
> ❶　質問内容について
> 　今どんなことに興味があるか、どんなことを聞きたいと思うか……大切なことは自分が知りたいと思うことです。まず「知りたい」と思うことを考えてください。
> <問題>
> 　「あなたはお酒を飲みますか」という質問を考えました。この質問はこれだけではあまりよい質問ではありません。それはどうしてか考えましょう。
> 　参考：
> 　　このインタビューはあとでプレゼンテーションするためのものです。そのことを考えて、この質問をもっとよくするためには、それ以外にどんな質問をしたらいいと思いますか。
>
> ❷　聞く相手について
> 　最初に、自分の知りたい質問はどんな人に聞いたらいいかを考えます。また、何人ぐらいに聞くか、男・女の違いなども考えておきましょう。
> <問題>
> 　下の質問はどんな人に聞いたらいいと思いますか。どんな人に聞いたらおかしいですか。
> 　a 「日本食では何が好きですか」
> 　b 「あなたは結婚したら親といっしょに住みたいですか」
> 　c 「あなたは朝起きたとき何分ぐらいお化粧しますか。」

　教科書にはインタビューのし方や、「旅行について」のインタビューをした後の生データを並べて、そのデータの処理のし方を確認する練習問題を作った。実際のインタビュー例やその例を使ったインタビュー結果の処理方法などが載っていたほうがよいという要望があったので、毎年何人かの学習者がテーマに選ぶ「旅行」を取り上げて教科書に載せることにした。

【教材例—㉓】「旅行について」のインタビュー

> ❷ インタビューの例(れい)
> 　韓国人(かんこくじん)の留学生(りゅうがくせい)金淑美さんは旅行が好きなので、留学生仲間(りゅうがくせいなかま)と日本人に旅行についてのアンケートをしてみようと思いました。
>
> ＜アンケート内容(ないよう)＞
> 質問1：あなたは国内(こくない)旅行をするとしたらどこに行きたいですか。
> 質問2：それはどうしてですか。そこでしたいことはどんなことですか。
> 質問3：誰(だれ)と行きますか。
> 質問4：海外(かいがい)旅行をするとしたらどこに行きたいですか。
>
> ＜アンケート結果(けっか)＞
> 留学生(りゅうがくせい)の場合(16人に聞きました)
> 質問1：東京(とうきょう)8人、京都(きょうと)5人、大阪(おおさか)2人、北海道(ほっかいどう)1人
> 質問2：東京(とうきょう)・大阪(おおさか)……ショッピング　京都(きょうと)……お寺(てら)など観光(かんこう)
> 　　　　北海道(ほっかいどう)……スキー
> 質問3：友だち　10人　　一人(ひとり)で　5人　　恋人(こいびと)　1人
> 質問4：中国(ちゅうごく)　5人、　タイ　3人、　オーストラリア　2人
> 　　　　その他(た)　各(かく)1人
> 日本人の場合(20人に聞きました)
> 質問1：北海道(ほっかいどう)8人、沖縄(おきなわ)6人、その他(た)(九州(きゅうしゅう)・四国(しこく)・秋田(あきた)など)各(かく)1人
> 質問2：北海道(ほっかいどう)・沖縄(おきなわ)……自然(しぜん)が美(うつく)しいから。スキーやダイビングなどスポーツをする
> 質問3：友だち　10人　　家族　6人　　恋人(こいびと)　2人　　一人(ひとり)で　2人
> 質問4：USA　7人　　フランス・オーストラリア　4人　　中国(ちゅうごく)　3人
> 　　　　その他(た)　6人

　しかし、これを載せた結果、そのまま質問内容をまねる学習者が何人か出ることになった。まねをされるだけでは困るので、この部分を教科書に載せるかどうか最後まで迷ったが、具体例がほしいという希望があり、例があった方が指導もしやすいので、最終的には載せることにした。しかし、毎年似

たような質問項目を出す学習者が出ることになった。

❹表現活動に消極的な学習者がいた場合
　教科書の例をそのまままねて、インタビュー活動を楽にすませようとする学習者の指導をどうするか。そういう学習者はこのようなインタビューや発表というタイプの授業が苦手な学習者か、外国語の勉強は教科書を覚えることが中心で、この類の活動型の授業を否定的に考えている学習者である場合が多い。人との関わりや口頭表現活動が得意ではない学習者たちは、彼らができる範囲の活動をすればそれでよい。したがって、教科書と同じテーマを選んで発表準備をしていても、そういう学習者にはあえて何も言わないことにしている。力があるのに手を抜いている学習者にはもっと積極的に関わるよう指導する。
　後日談になるが、大学院に進学する目的で日本語を勉強していたある中国人学習者はこの表現の時間が嫌いで、「時間の無駄だ」と本気で文句を言ってきた。しかし、まじめな学生なので授業は休まず、不承不承例をなぞって発表し、表現の時間をやり過ごしていた。その彼が大学院に入学して実際のゼミ活動で発表をした時に、初めてここでやったことが役に立ったと言ってきたことがある。
　いずれどこかで役に立つと思うからこそさせているのだが、それを学習時に理解できるかどうかは学習者次第なので、表現活動の意義を説明しても学習者が反発する場合、活動を強制するべきではない。上記の学習者のように将来気づくこともあるので、活動に消極的な学習者に対しては柔軟に対応することを心がけている。

❺インタビューをさせる時に注意すること
　留学生同士のインタビューではインタビュー項目を確認しただけで事前練習をせずにおこなう。しかし、日本人相手の場合は事前に一度口頭で練習させることにしている。生まれて初めて知らない日本人に声をかけるという学習者もいるので、失礼があってはいけない。次頁にある「インタビューのし方」を使って、教師を相手に声のかけ方から、質問のし方、最後に礼を言うところまでの一連の表現を一度チェックする。チェックが済んだ学習者から

日本人学生たちが集まっている食堂などに行かせる。

【教材例—㉔】インタビューの手順と声のかけ方

インタビューのし方

 a　知らない人に声をかけるとき
　　「あのう、すみません」、「あのう、すみませんがちょっとよろしいですか」

 b　自分がだれであるか、何のために話しかけたかを説明する

　　「 学校の名前 の 自分の名前 ともうします。実は、学校の宿題でインタビュー調査をしているのですが、」→　☆へ続く

 c　協力してもらえるかどうかお願いする
　　☆「協力していただけますか／お願いできますか／２・３分よろしいでしょうか」

 d　インタビューした相手の言葉がよく聞き取れなかったとき
　　「すみません、もう一度言っていただけますか」

　以前は中級の学習者が一斉に食堂に行っていたので、そこで時間をつぶしている日本人学生にとっては次から次へと留学生がやってきて質問をされ、迷惑だったかもしれない。今では質問を受ける日本人学生のことも考えて、クラス間で調整して日を変え、主に昼休みが終わった時限に行かせるようにしている。また、クラスによっては自分たちの空いている時間に行かせることにして、特に授業時間を使わないクラスもある。

　内向的な学習者にとって、知らない日本人に初めて声をかけるのは非常に勇気の要ることである。そういう学習者に対しては教師が背中を押してやる必要がある。学習者によっては、日本人学生に声をかけるところまで教師が手伝えば、インタビューがスムーズにできることがある。ほとんどの日本人学生は協力的なので、ためらっている学習者も一度経験すると自信がついて、あとは安心して声をかけることができるようになる。

　日本人に声をかけたときに冷たくされたという経験をした学習者の訴えを

聞き、「学習者が傷つくことがあるから、この活動はかわいそうだ」という意見が教師側から出たことがあった。しかし次の学期には大学生となって、同級生となる日本人学生の中に一人で入っていかなければならないことを考えると、1度だけの経験を「かわいそうだ」とばかりも言っていられない。そうならないためにはどのような支援が必要なのかを、学習者を見ながら教師が考えていくべきであろう。上記のように教師が手を貸すことはすべての学習者に必要なわけではない。多くの学習者は喜々としてこの活動をおこない、思っていたより日本人学生は親切で楽しかったという感想を持ち帰る。ここでは学習者の能力や性格などによってきめの細かい支援が必要であることを教師が意識しなくてはならない。

❻発表の構成を考える

　留学生同士でインタビューをした後、結果の集計をして第1回目の発表の準備に入る。発表は作成したグラフを示しながら、メモを見ておこなう。
　このメモは口頭要約試験のときに指導したように、文で書くのではなく、単語だけで整理して箇条書きで書かせることがポイントである。ここで作成したメモが話す内容の構成となる。最初に何を言うか、次にどれを説明するか、それがメモの形になっているとよい。文章を書いたのではそれを読み上げるだけになって発表にはならないので、まずポイントだけを書いたメモ作りが重要になる。

【教材例—㉔】インタビュー結果をまとめたメモの作り方

```
2）発表メモをつくる
　　発表メモの構成
　❶ かんたんな結果報告
　❷ どうして調べたいと思ったか（調査目的）
　❸ いつ、どこで調べたか（調査日時・場所）
　❹ だれに、人数、男女別など（調査対象）
　❺ どんな質問をしたか（質問項目の説明）
　❻ 結果の報告……それぞれのグラフの解説
　❼ 調査結果全体から気がついたこと＋感想
```

インタビュー結果の発表の構成は【教材例―㉓】のようにパターン化されているので、このパターンにそってメモを作らせる。

　インタビュー結果を発表する際に、最初に説明しなければならない必須の項目は、調査の目的（どうしてその調査をしたいと考えたか）、調査方法（日時・場所・調査対象・調査の手段：インタビューかアンケートかなど）、調査項目である。その後Excelで作図したグラフを見せながら、グラフからわかる事実・原因分析をおこない、最後に調査からわかったことをもう一度まとめるとインタビューの発表になる。

　インタビュー結果をまとめた例として【教材例―㉓】（p.105）で紹介した金淑美さんの調査結果をもとにして作ったメモ【教材例―㉖】の「留学生が行きたいところ」を掲げる。

【教材例｜㉖】インタビュー結果をまとめたメモの例

留学生が行きたいところ
❶　かんたんな結果報告
　　調査結果でわかったこと：日本なら大都会、海外ならアジアに行きたい
❷　どうして調べたいと思ったか（調査目的）
　　旅行が好き／人はどんなところに行きたいのか興味があった
❸　いつ・どこで調べたか（調査日時・場所）
　　2009年10月25日昼休み・東海大学8号館の教室
❹　誰に、人数、男女別など（調査対象）
　　16人　男女別：男性8人、女性8人
　　国籍別：韓国4人・中国3人・タイ3人・ドイツとロシア各2人・
　　　　　　その他2人
❺　どんな質問をしたか（質問項目の説明）
質問1：あなたは国内旅行をするとしたらどこに行きたいですか。
質問2：それはどうしてですか。そこでしたいことはどんなことですか。
質問3：誰と行きますか。
質問4：海外旅行をするとしたらどこに行きたいですか。

> ❻ 結果の報告……それぞれのグラフの解説
> 　質問1：大都会（東京・大阪）に行きたい10人、京都5人、北海道1人
> 　質問2：ショッピング13人、お寺など観光5人、スキー1人
> 　質問3：友だち10人　一人で5人　恋人1人
> 　質問4：中国5人、タイ3人、オーストラリア2人
> ❼ 調査結果全体から気がついたこと＋感想
> 　a．自然や歴史的なものをみる観光より、買い物をするために大都会に行きたい
> 　b．友だちと行きたい人が多い・一人という人も意外に多い。

　学習者はこれを参考にしながら発表用メモを作り、教師にチェックをしてもらう。

❼発表用の資料作成準備で注意すること

　発表用メモを作成した後でPower Pointの作成をおこなう。❷調査目的・❸調査日時と場所・❹調査対象は1枚のスライドにまとめてもよいが、❺質問項目はそれだけを1枚のスライドにする。

　Excelによるグラフの作成は宿題にしてもよいが、Power Pointの作成作業はできたらコンピュータ・ルームで一斉に指導できるとよい。画面で操作している時には十分大きくはっきり見える活字でも、実際に発表する画面に映し出すと小さくて見えにくくなることがあるので、活字の大きさ・種類などは具体的に何ポイント以上と指示する方がよい。

　またPower Pointの操作が楽しくて凝りすぎた作品は、発表の補助手段として見ると適当でないことが多い。スライドごとに色が違ったり、活字のポイントや種類が違っていたりすると、印象が散漫になってわかりにくい。Power Pointはあくまでも発表を補うための補助手段であって、それが主になってしまうのは問題である。

　Power Pointで作成した電子情報は一つのＵＳＢメモリに集めて一元管理した方がよい。Power Pointの発表で困るのは学習者が作成したＯＳと発表用のコンピュータのＯＳが合わない場合が出てくることである。授業で使える機種が最新のものとは限らないので、一度電子情報で集めた後、作成した

機種の確認をして保存する形式をそろえたほうが、実際の発表の時に混乱を招かずに済む。

またデータを一つにまとめておかないと、ＵＳＢメモリを抜き差しして画面を立ち上げるまでに時間がかかり効率が悪い。発表の合間に聞いていた人にその感想を言わせ、次の発表者の準備が整うまで待つ。準備に手間取ると予定どおりの時間内に発表が終わらないので、発表の効率化を図る工夫はできる限りしておいたほうがよい。

❽発表前に指導すべき口頭表現に関する技術

メモができ、Power Pointの準備が終わったあと、発表の時に使う表現を確認する。

【教材例―㉗】発表時によく使う口頭表現

```
3）発表の表現
 ❶ 発表を始めるとき
   これから「 題名 」について発表します。
 ❷ 話がかわるとき
   では、つぎに＊＊を見てください。／ つぎに〜について説明します。
 ❸ まとめ方
   以上の調査結果から_____であることがわかりました。
 ❹ 発表を終わるとき
   これで発表を終わります。
```

Power Point作成例「留学生が行きたいところ」を使って、実際に教師が発表の例を見せるか、過去の学習者の例を撮影したものがあればそれを使ってもよい。発表の時によく使う表現にどのようなものがあるか、具体的にイメージさせておく。

大勢の前で発表するのはかなり緊張するので、発表資料がそろい、メモも書き終わった人は、事前に一度資料を使ってリハーサルしておくとよい。

❾発表を聞く人に対する指導

　クラス内で発表を聞く前に、どのような点に注意して聞くべきかについての指導をおこなう。聞き方の指導は、聞く側の視点を発表者に与え、それによって発表の質を高めることにもなる。しかし、ただ人の発表を注意深く聞きなさいというだけでは、学習者は自分の発表のことが気になり、真剣に人の発表を聞かない場合もある。

　そこで、聞く人に「評価」に関わる課題を与える。自分自身の発表のポイントをどう評価されるか、どのような点に注意すればよい発表になるかという具体的な注意点を「評価ポイント」に設定する。その注意点を学習者が理解し、全員で発表を評価する仕組みを作る。

【教材例―㉘】

> 3）評価ポイント
> 　1)「じょうずな発表とは」で考えた結果をもとに、評価ポイントをまとめてみましょう。
> 　例）話し方について
> ❶ 声：ポイントははっきり大きく言って、声の出し方に工夫があった。○
> 　　特に工夫はなかったが、言いたいことはわかった。……△
> 　　聞き取りにくいところがある……×
> 　　（どんな単語が聞き取りにくかったか言ってあげると参考になります。ただ聞き取りにくいというだけでは、今度どこを直したらいいか相手にわからないので、具体的に教えてあげましょう。）
> ❷ 視線：
> ❸ 速さ：
> ❹ 内容について：

　評価ポイントについて学習者から意見を出させて、自分たちで評価ポイントを考えさせる問題が付してある。時間があれば、学生それぞれが考えたものを評価ポイントとし、評価シートを作成することもできる。

　評価シートの目的は、発表がどうだったかという他者から見た評価を知ると同時に、次の発表にその結果を生かす具体的なアドバイスが得られることである。そのために評価シートを何種類も作って試してみた結果、コメント

を書くところがそれほど大きくなく、評価項目が他の学習者のものと一目で比較できるシートが使いやすいということがわかってきた。

　返却されて参考になるのは、注意点が具体的に書かれているシートだが、短い時間にコメントをくわしく書く余裕が学習者にはない。そこで、学習者にもよくわかる評価ポイントとして「話し方：声の大きさ・話す速さの工夫・話す人の視線」と「内容：構成・大切なポイント」の５点に絞って評価させている。あまり多くの点を評価ポイントにしてもかえってわかりにくく、「結束性があるかどうか」のような専門的な視点は学習者にはわからないので、シンプルなものに統一して評価させる方がよい。

　評価させる時には評価を複雑にしないように注意する。５段階評価では細かすぎるかもしれない。○・△・×の３段階評価で十分評価できる。その際必ず一つはその発表の一番よかったところに◎、ここは改善した方がよいと思うところには×はつけるように指示をしないと、評価活動を面倒に思う学習者はすべて○にしてしまうことがある。それでは後でその評価をもらった人もどこがよかったのか、よくなかったのかがわからず、次の活動の改善点にならないので、評価にメリハリをつけるように具体的に指示を出した方がよい。

　評価した側が書いて提出した評価シートのフィードバックは返却する際に必ずおこなう。コメントのよかったものを取り上げて読み、どのようなコメントがよいかを理解させる。また、すべての評価を同じところにつけた学習者に対しては厳重注意を促し、相互評価は適当におこなってもよいと思わせない工夫が必要である。

❿プレゼンテーションを文章化させるメリット

　発表が終わった後でそれを文章化させる最後の仕上げの作業に入る。ここでは「事実報告を中心としたレポートの書き方」を覚えるという目標を掲げ、大学入学後のレポートを少し意識した文章を書かせる。

　書く内容・構成に関してはすでにプレゼンテーションをおこなっているので、それを利用すればよい。文章化のためのアウトラインはプレゼンテーションの構成をそのまま使うので、すぐに章立てした文章を書くことができる。口頭表現と文章表現を連携させて指導した方が効率がよいというのは、まさ

にこの点である。文章表現単独でこれだけの内容と量のものを書かせようとすると、資料集め・読解・アウトライン作りなどの準備に時間がかかることになる。

　中級レベルになると、ある程度の分量を書くことも要求しなければならない。しかし、「夢」や「あなたの好きなことば」のようなトピック作文では自分の経験の中から内容を考え、それをもとに5段落以上の構成を作り、それを長い文章にしていく。そのためには発想力・文章力が相当必要となる。母語で書く場合でも文章を書くのが好きな人以外には大変な作業となるだろう。まして外国語の場合、母語でさえ書くのが苦手な人は、書くことそれ自体がいやになってしまう。

　外国語の「書く」力を高めるために効率がよいのは、学習外国語ですでに理解しているコンテンツを文章にすることである。中級以上の言語学習のアウトプットで手間がかかるのはコンテンツを充実させることだが、その点、口頭発表をした後にその内容を文章化する方法は、材料集め・ブレーンストーミング・構成・分析など、事前にしておかなければならないコンテンツの用意ができているので効率的である。また、発表を一度人に聞かせ、聞いた人からの意見をもらうことができるので、書くべき内容はさらに深まるという利点もある。

　口頭表現の文章化は、文章表現にだけ大きなメリットがあるのではない。口頭表現の際に表現が不確かであったり、もっと適切な表現があるけれども、発表の時はその場でごまかしてしまった表現などが、文章化することではっきり見えてくる。自分が間違えて使った部分が文章として固定化されるので、使った表現が適切かどうかを確認することができ、間違った場合はその誤りを指摘しやすく、その後の指導に生かすことができる。口頭では省略することができた助詞も、文章では正確に使えないといけないので、その点でも効果がある。

⓫プレゼンテーションを文章化させる指導

　プレゼンテーションの結果を文章化する前に、中級で一貫しておこなっているアウトライン作りをまずさせる。アウトラインを作らなくても発表資料をもとに文章化していくので、Power Pointを印刷したものや発表の際に

作ったメモがあれば、それがそのままアウトラインに流用できる。それをそのまま使ってもよいし、また新たに確認のために書かせてみてもよい。時間がなければPower Pointを見ながらすぐに書かせても問題ない。「序論・本論・結論」の語彙を入れて、レポートの形式に近い、章立てした文章を書かせることを目指す。

【教材例—㉙】プレゼンテーションの章立て

---

1) レポートの構成
❶ 序論
　a　なぜこの調査をしようと考えたのか（調査の目的）
　b　どのように調査をおこなったか（調査方法）← 日時・調査対象など
　c　どのような結果を予想したか
❷ 本論
　a　中心となる調査結果A　＋　原因分析
　b　中心となる調査結果B　＋　原因分析
　…もしできたら関連する資料をインターネットなどで調べ、自分の調査した結果と比較したり、情報をつけくわえたりすると、さらによいものになる。
❸ 結論
　a　もう一度調査結果のまとめを簡単に書く。
　b　調査した結果、さらに調べてみたいことなどを書く。

　序論ではPower Pointでも最初にあるインタビュー調査の概要についてまとめ、本論はグラフが載っているPower Point 1枚を1段落で書かせる。最後に、発表の後で出た意見などを参考にしながら、もう一度自分の考えを検討してまとめを書かせると、1,000字から1,500字程度の文章になる。これほど長い日本語の文章を書くことはおそらく初めてなので、学習者はそのこと自体にも驚くのだが、さほど苦労せずに書けたことに達成感を覚える。また、分量は目に見えるものなので、外国語で長い文章が書けるようになったことが自信につながる。

　ここでの文章指導の目的は一定の分量を書くこと、二つのことを比較して

論じる形式が使えるようになることである。そのために論理的な関係を示す接続詞や比較・対比表現を意識して使うよう指導する。発表の文章化では必ず留学生の場合と日本人の場合を比較することになるので、比較・対比の表現・接続詞を適切に使えるかどうかをチェックすることができる。

【教材例—㉚】レポートで使う接続詞

> 2）レポートでよく使う表現
> 論理的な関係をしめす接続詞
> a　事実を説明したあとで、結果をいう：したがって・それで
> 　　　　さらに別の説明をくわえる：つまり
> b　そのあとで理由をいう　　　　　：なぜならば、というのは
> c　反対のことをいう　　　　　　　：しかし、にもかかわらず
> d　つけくわえる　　　　　　　　　：そのうえ、それに、しかも
> e　話題をかえる　　　　　　　　　：ところで、
> f　比べる　　　　　　　　　　　　：一方

　また、文章全体で比較・対比の形式が続くので、いつも同じ接続詞だけを使っていると、文章として子どもっぽい印象を与えることになる。そこで、同じ機能を持ついくつかの接続詞を使い分けるように指導する。日本語の接続詞の特色は種類の多さにある。種類は多いけれども、使い方に大きな違いがないものが多く、それらはくりかえしを避けるために使われている。

　たとえば「逆接」の場合「しかし」を何度もくりかえし使わずに、「しかしながら」や「にもかかわらず」、「だが」などを用いるとよいと指導する。「しかしながら・にもかかわらず」などは新聞・論文などの硬い文体でなければ使いにくいが、ここで書く文章はレポートなので問題なく使うことができる。

⓬レポートの例文を載せるかどうか

　レポートの例文を教科書に載せるかどうかは最後まで迷った。それは、例文を載せる意味を考えたからである。例は時としてその通りにまねをすればよいので便利である。インタビューの際に述べた「手を抜こうと考えている学習者たち」のように、例をもとにすれば一部の文言やデータを変えること

で宿題を安易に作成することができる。その一方で、本当にどう書いてよいか迷う学習者にとっては、例文は頼るべき指針になることも確かである。

　中級でもその後半の上級に近いレベルの学習者には例は要らない。これから自立して書いていかなければならないので、長い文章を書く手順を理解して不確かながらも自分自身の力で書き方を習得していかなければならないからである。勉強のし方をよく知っている要領のよい学習者ほど例を活用する。力のある学生は自分自身のスタイルを作って、例以上の文章を書くことができるはずである。しかし、中級前半の学習者にはまだ独り立ちが難しい学習者がいて、例がなければうまくまとめることができない。

　Unit 2はちょうど中級の学期の中盤で指導するので、まだ例を必要としている学習者のために「旅行に行くなら」という、今まで例に使ってきた内容をもとにした1,600字程度の例文を載せてある。この文章を参考にして学習者はメモや発表からどのように文章化するかのヒントが得られるはずである。

4.「Unit 3　意見文からディベートへ」の作成と指導について

　Unit 3はスピーチの部分を足したり、最後にレポートの書き方を加えたりと、何度も作り直したところである。指導項目が決まった後でも、その指導方法を確立するまでに試行錯誤をくりかえすことになった。

▶1　「意見文からディベートへ」作成時に起きた問題

❶ディベートのやり方についての問題

　「ディベート」は指導する教師が慣れるまでにかなりの時間がかかった。一般的におこなわれている「ディベート」を中級レベルの学習者にさせる時にそのままの手順ですべてをおこなうことができるのかどうか。また、それが難しい場合、どこかを変えた方がいいとしたら何をどのように変えればよいのか、という点で試行錯誤の連続であった。

　一般的におこなわれている「ディベート」を何回かそのままさせた時、一

番大変だったのは学習者に活動内容を理解させることであった。特にこのレベルの学習者にディベートをさせていて難しいと感じた点は「尋問」である。立論で対立点をはっきり明示して説明できないため尋問のしようがない場合が多かった。また、尋問をしたとしても学習者がディベートで求められている効果的な尋問がこのレベルの学習者にできることはまずない。質問もうまくできないうちに時間が経過してしまうこともあった。「尋問」の指導にあまりに時間がかかるので、本来のやり方を少しアレンジした「ディベートもどき」をおこなうことにした。

❷ディベートをさせることの意義

　母語でもディベートの経験があまりない学習者たちにとって、まずディベートとはどのようなものであるかを理解させるのが大変であった。そのうえ、かなり抽象的な内容について理解し、論を組み立て、表現することが、内容の面でも語彙・表現の面でもかなり負担になることがわかった。

　しかし、中級でも最終段階のこの時期には、ある程度抽象的な内容について調べて理解し、調べたことをもとに論じる力を少しでもつけておかなければ大学に入ってさらに困ることになる。困難な問題にぶつかったときにはどのように切り抜ければよいか、経験を通してその対処方法を学んでおく必要性を感じた。

　そこで、学習者の能力から考えると少し高度なことを要求していると思いつつも、ここではかなり難しい課題が出してある。日本語表現の面で困難に直面したときに支援が受けられる最後の機会であることを考え、活動が上手にできることではなく、挑戦することを目標に置いた。大海を前にした浅瀬で上手に形よく泳ぐことを教えるよりも、溺れずに目的を達成するためにはどうしたらよいかを考えさせることも時には必要である。

　しかし、教師の中には教えたことを理解して十分に活用できてこそ達成感が得られるという考えから、課題をかなりやさしくしたり、かみ砕いたりして、プールのような人工的な状態を作って泳がせる指導をする例が、特に中級でも下のレベルのクラスで見られた。確かに学習者のレベルがまだそれほど高くない場合、「ディベート」という課題をクリアさせるためにはかなり簡単な活動にしなければならないということもある。教育観の相違であり、

また学習者のレベルとも深く関わっているので、場合によっては簡単な課題でもよいと考えた。つまり、この教材を使ってディベートを教えることに主眼を置いた場合、学習者のレベルにもよるが、ある程度教材を簡単にしたり、教材をさらに簡単なものと差し替えたりして学習者に提示しなければ、達成が難しい場合もあるということである。

　しかし、最後にこの課題を置いた一番の目的は、ディベートができるようになることではない。ディベートという活動自体はある程度不完全な、擬似体験でよい。できるだけ生に近い資料を駆使して自分で論点を整理し、自分なりの論を組み立てて表現できること。理想としてはそのような力をつけることを考えてこの活動を Unit 3 にした。

❸ディベートに不慣れな教師の問題

　Unit 3 が Unit 1 の要約や Unit 2 のグラフ解説と違う点は、指導する教師側にディベートをした経験がなく、はじめはそのイメージすら覚束（おぼつか）なかったことである。そこで、ディベートについて講師を呼んで講習会を開いたり、参考資料を配布したり、ディベート研究会を作って自分たちで体験してみたりした。

　指導する以上は、自分たちでディベートとはどのようなものかを経験しておく必要がある。実際におこなってみると興味深い活動で、それほどうまくいかない場合でもみんなで相談して様々な案を出しあう経験は、指導するうえで大いに役に立った。

　その時に一番印象に残っているのは、ディベートではやはり意見を支えるための裏づけとなる知識が大切だということである。それをどうやって補うかが指導上の課題となってくる。

❹能力別チーム分けの問題

　口頭表現の評価にディベートは入れない。全体の評価の詳細は第 3 章（p.174 〜）に記すのでここでは述べないが、評価に入れない理由はディベートの出来不出来が個人の能力というよりはチーム力に左右されるからである。チームの構成員によって良し悪しが決まってしまうのでは、個人の成績に反映させるには問題がある。

ディベートはチームによる活動なので個人の能力に大きな差がある場合、効率よく指導できないと思うことがよくある。一人一人がバラバラに自分の役割のスピーチをして終わりということもあった。クラス分けが学期開始時の聴解力・文法力・読解力・語彙力によって決められるので、下のレベルのクラスでも口頭表現力のある学習者や、上のレベルのクラスでも口頭表現が苦手な学習者は当然いる。クラス内における口頭表現力の差は大きく、高すぎる学習者も低すぎる学習者もディベートをする際にはいずれもクラスのレベルに合わない。

　『日本語中級表現』の作成当初は、ディベートに関しては口頭表現能力別に特別にクラスを編成していたことがあった。できる学習者はよりその能力を伸ばし、できない学習者に対しては、できる学習者に頼ってイニシアチブを取ろうとしない状況を変えたいと思ったからである。

　クラスの担当教師の意見を聞きながら三つのクラスの学習者たちを松組・竹組・梅組という別の三つのクラスに分けて、ディベートの時間だけ他のクラスの学習者たちといっしょに活動させた。口頭表現が得意な学習者が集まった松組は活発なディベート合戦となった。一方、口頭表現が苦手な学習者が集まった梅組でもおもしろいことが起こった。ふだん日本語表現の時間では消極的な学習者たちの中で、誰かがイニシアチブを取らなければならない状況になると、メンバーの中では性格的により積極的な学習者か、日本語力が比較的上のレベルの学習者がチームをまとめようとし始めたのである。

　ふだんは口頭表現が得意な学習者にまかせて積極的に活動に関わらなかった彼らの生き生きとした表情を見ながら、学習者の意外な一面を知ることができた。ディベート活動自体も到達目標を下げて、時間をかけて指導することができたため、回数は少なかったがディベートといえるものができた。ディベートはある程度能力がそろった学習者同士でおこなった方が、到達目標を変えて指導できる点で楽であり、ディベートをしている者にとっても得るものが大きいのではないかと感じた。

▶2 「Ⅰ．意見表明のための練習」の作成と指導

❶書く時と話す時の違い

　Unit 3で指導する「意見表明」の文は、要約文やグラフ解説文のようにそれがそのまま直接レポートで使われる表現ではない。しかし、レポートの考察の部分では自分の考えを書くので、アカデミック・ジャパニーズ表現の基礎の柱の一つとして立てた。

　グラフ解説文が事実文と原因分析から成っているのに対して、意見表明文は意見文とそう考えた理由の説明を中心として構成されている。そこでまず「基礎練習1　意見の言い方」で意見表明の表現形式を学ぶ。意見表明のし方は話す時と書く時では少し違う。書く時は意見の内容を斟酌せずにはっきり主張すればよいのだが、口頭表現の場合は意見の内容が「プラス」の時と「マイナス」の時、その当事者が目の前にいる場合といない場合とで表現を変えたほうがよい。また話す相手によって待遇表現を必要とする場合とそうでない場合がある。

【教材例—㉛】「意見表明」の表現方法

1）意見を言うとき
　日常生活の中で「意見」を言う機会はたくさんあります。日本人は自分の考えをはっきり言わないとよくいわれます。しかし、意見や提案を言わなければならないときには、周囲の人と問題をおこさないように注意しながら言います。その言い方をおぼえましょう。

2）自分の意見・考えを言うときに使う表現

　❶　〜と思う　　　　→　〜と思われる
　　　　　　　　　　　→　〜のように思う／思われる
　❷　〜のではないか　→　〜のではないだろうか
　❸　❷＋❶　〜のではないかと思う／思われる

> <練習1> 意見が − (否定的なことをいう・よくないことをいう) か ＋ (肯定的なことをいう・よいことをいう) か、誰にいうかで表現を少しかえる。どの表現がよいか？
> ❶ 国際会館はきたない
> ❷ 日本語の授業はつまらない
> ❸ 毎日がいそがしすぎる
> ❹ 休み時間がみじかい
> ❺ 教室が広すぎる
> ❻ この大学は緑が多い
>
> 3）提案したいときに使う表現
> ❶ ～すべきだ
> ❷ ～したほうがいい → ～したほうがいいのではないか
> ❸ ～することが必要だ／重要だ　～する必要がある／～すべきなのではないか

「プラス」の意見を言う時はそのまま表現しても特に問題ないが、日本語の場合「マイナス」の意見を表明する時にはっきり「悪い」と言わないことが多い。特にその関係者を目の前にして言う場合どのように表現するか、人間関係を良好に保つために日本人はどのようなテクニックを使うかをここで学ぶ。

❷表現する内容を整理するために

要約文・グラフ解説文には依拠すべき文やコンテンツの例が与えられているが、意見表明文は内容・構成・表現をすべて一人で考える。特に文章にとって重要な「内容」を一から考えていかなければならない。文を書く指導で一番難しい段階といえる。

そこで、今までの指導にはなかった、内容を一から考えるための一つの方法として「ブレーンストーミング」の手法を紹介しつつ、どのような思考過程を経たらよい意見文が書けるかのモデルを示す。その後の活動でディベートをおこなうので、対立する二つの意見を想定して多面的なものの見方ができるように指導する。

【教材例—㉜】ブレーンストーミングの方法①

> 2）ブレーンストーミング
> 　「アルバイトについて」という題で意見文を書くことを例に、パラグラフ・ライティングの方法を確認してみましょう。
> 　まず初めに「アルバイト」という言葉から考えられることを紙に全部書いてみましょう。これをブレーンストーミングといいます。
> 　＜例：留学生モーさんの場合＞
> 　深夜労働　疲れる　授業中寝てしまう　荷物が重い　お金になる　時給850円　休憩時間　お茶がおいしい　日本人との会話練習　チーフがきびしい　時間どおり　送迎バス　緊張する　眠い　月末が給料日　社長が保証人　日本の地名が難しい　失敗した　給料を引かれる　同僚　あいさつ

　「アルバイトについて」をテーマにブレーンストーミングの例を示し、ブレーンストーミングとは何かを説明する。「アルバイトをしたほうがよい」という意見と「アルバイトをしないほうがよい」という意見の両方について理由を考えさせ、留学生モーさんの例がどちらの意見に入るかを整理する。

【教材例—㉝】ブレーンストーミングの方法②

> 2）主題文（topic sentence）を決める
> 　Ａ：学生にとってアルバイトは問題が多い
> 　Ｂ：学生だといっても社会勉強のためにアルバイトをしたほうがよい
> 3）具体例を考える
> 　例えばＡの考えに賛成だとして、それはどうしてか考えます。二つぐらい理由を考えてください。それから、その考えを説明するために一番よい例を二つか三つ考えてみましょう。この例によって文章のよい・悪いは決まるといってもよいので、自分の経験などから説明できるとよいです。
> 　＜例＞
> 　Ａ－１　疲れるから
> 　❶　夜たくさん働くので寝る時間が少なく、次の日の授業で寝てしまう。
> 　❷　毎日のアルバイトで疲れているので、せっかくの休みも寝てしまう。
> 　❸　チーフがきびしい人ですぐに怒るのでストレスがたまって疲れる。

> A－2　勉強ができないから
> ❶　帰ってから学校の宿題をやるのがやっとで予習復習ができない。
> ❷　テストの前の日にあると、本当に困る。前回寝てしまって悪い点だった。
> ❸　休みの日にも家のことをかたづけたら終わってしまって何もできない。
>
> 注意すること
> 　A－1とA－2は関係があってどちらにも言える内容が入ってしまうので、書き出したあとよく見直して、どちらで説明するか決める。A－1❶は「勉強できない」方に入れ、A－2❸は「勉強」とは関係ないので他の例を考える。

　上記の例のようにAの側に立った構成を提示し、その問題点について考えさせながらアウトラインを作る際の例の出し方の注意点を確認する。文章例はA側のものとB側のものと二つあり、B側の「アルバイトをしたほうがよい」の文章を使って、主題文・アウトラインを考えさせる練習もつけてある。

　このように手順を示しながら、具体的な作業をどのように進めるかを説明した後で、アウトラインを自分で作って文章を書く課題を出す。

❸スピーチ指導について

　意見文に関する基礎練習をおこなった後で、スピーチに関する練習を入れてある。スピーチ原稿を書かせる前にしておいたほうがよいこととして、よいスピーチを視聴させることがある。スピーチコンテストを実施しているのであれば過去の優勝者のスピーチを見せながら、そのスピーチのどこがよいかを一度考えさせてみる。

　それからスピーチ原稿の書き方の指導に入る。まずしなければならないのはテーマを決めて構成を考えることである。

【教材例—34】スピーチ原稿の書き方

> **2）スピーチの構成（アウトライン）を考える**
> ❶ はじめの部分……目的：聞いている人に興味をもってもらう
> 　　a　聞いている人がわかりやすく、注意をひく話ではじめる
> 　　b　これから話したいことのポイントを話す
> ❷ 中心部分……目的：テーマをよく理解してもらう　＝　スピーチの目的
> 　　→　いくつかのポイントに分けて、わかりやすく説明する
> 　　＜分類のし方の例＞
> 　　a　問題点と解決策
> 　　b　事実の紹介と自分の意見
> 　　c　二つを比べて考えた、違うところと同じところ
> ❸ まとめの部分……目的：よい印象を残す
> 　　a　一番伝えたいことをくりかえす
> 　　b　これで終わるというあいさつを入れて終わりをはっきり示す

　ここで注意しておかなければならないことは、スピーチの原稿と一般的な意見文との相違点を整理しておくことである。聞いてわかりやすいこと、初めの部分に聞く人に興味を持たせる工夫があるかどうか、最後にこれで自分のスピーチが終わるという挨拶の部分を入れることなどが主な違いである。

【教材例—35】スピーチ原稿作成上の注意

> **3）スピーチ原稿を作るときの注意**
> ❶ 聞いている人が聞いてわかるように話す⇔「読んでわかる」との違い
> ❷ 1文を長くしない。長い連体修飾は使わない
> ❸ 話を始める前に、何についてこれから話すか予告すると聞いていてわかりやすい
> ❹ スピーチコンテストは時間が決まっているので時間内で話す長さで原稿を用意する。4〜5分のスピーチだと400字原稿用紙で3枚〜4枚ぐらい

　『日本語中級表現』には具体例も載せてあるので、それらを見ながらスピーチ原稿を書かせる。ここで特に指導しておきたいポイントは「❸　話を始め

る前に、何についてこれから話すか予告すると聞いていてわかりやすい」である。このパターンはディベートでも使うので、例文「禁煙を進めていくうえで大きな問題となっていることが二つあります。一つは自動販売機の問題、もう一つは喫煙イメージの問題です。ではまず、自動販売機のことについて考えてみましょう。日本では数年前にはあちらこちらに……」を用いて具体的に説明する。

▶3 「Ⅱ. ディベートの練習」の作成と指導

❶ディベートとは何かをわかってもらうための指導

ディベートというとディスカッションと混同する学習者がいる。何か言われたらすぐそれに反論することがディベートだと思っているようだ。そこでまずディベートを指導する前にディベートの目的を説明し、この練習で何が一番大切かを理解させたうえで、ディベートの手順の説明に入る。

【教材例—㊱】ディベートの目的と基本ルール

1）ディベートの目的
　ディベートの目的はいろいろあるが、ここでは下記の❶〜❸を中心に練習する。
　❶　自分の意見を正確に人に伝えること
　❷　相手の意見をよく聞いて反論できること
　❸　さまざまな立場から考える発想を持つこと

2）ディベートでは何をするのか
　一つのテーマについて賛成の意見の人（肯定側）と反対の意見の人（否定側）にわかれて順番に意見を言ったり、質問したりして、判定する人（ジャッジ：judge）を説得するゲーム

> <基本ルール>
> ❶ 肯定側と否定側が交互にスピーチをする
> ❷ 肯定側と否定側のスピーチ時間・準備時間は同じ
> ❸ 肯定側は必ずプランを出す
> ❹ 肯定側が出したプランに対してメリット（よい点）・デメリット（悪い点）を比較して説明する
> ❺ 「まとめ」のところでは今まで出た意見について反論したり比較したりするが、新しい意見を言ってはいけない。
> ❻ 相手から出た意見には必ず反論しよう。反論しなければ認めたことになる。
> ❼ 質疑応答の時間は質問だけをする

❷ディベート体験をさせながら理解させる

　中級レベルの学習者にとってディベートをする大きな目的の一つは相手の意見を正確に聞き取ることである。相手が言っていることがわからなければ論がかみ合わない。過去に、それぞれがバラバラに主張する話を、かみ合うように整理するのに苦労した経験がある。

　その経験から本来のディベートにある「尋問」の時間を「質疑応答」の時間に変え、その時間を使って話の論点がわかりにくい場合に、教師主導で論点を整理することにした。論点がはっきりするまで立論側に質問をして、参加者全員の理解を得るようにしなければ、活動が先に進まない。論点整理をおこなって板書しておくと、何について反論すればよいのかが一目でわかるので、その後の応酬もディベートらしくなってくる。

【教材例―㊲】ディベートの手順と役割

> 3）ディベートにおける主な流れ
>   　＜例＞❶　肯定側立論（スピーチ）　　　　２分
>   　　　　　→　質疑応答（確認の時間）　　　２分
>   　　　❷　否定側立論（スピーチ）　　　　　２分
>   　　　　　→　質疑応答（確認の時間）　　　２分
>   　　　　　作戦タイム　　　　　　　　　　　２分
>   　　　❸　肯定側に対する反論　　　　　　　２分
>   　　　❹　否定側に対する反論　　　　　　　２分
>   　　　　　作戦タイム　　　　　　　　　　　２分
>   　　　❺　肯定側まとめ　　　　　　　　　　２分
>   　　　❻　否定側まとめ　　　　　　　　　　２分
>
> 4）ディベートでの役割
>   　❶　肯定側　　　立論・反論・まとめ
>   　❷　否定側　　　立論・反論・まとめ
>   　❸　ジャッジ／コメンテーター

　上記のディベートの流れを理解させるために簡単なテーマで実際に１回おこなう。この時のテーマはその場で何かを調べずに論を立てることができる簡単なテーマがよい。市販されているディベート練習の本によく載っている「山と海、猫と犬」や「暮らすなら田舎か都会か」、「国際結婚は大変か」などがある。

　ディベートをする前にまずクラス全体でブレーンストーミングをして、論点を整理しておくと後の展開が楽になる。しかし、ここで整理しすぎると教えられたことを言うだけのおもしろみのないディベートになってしまうので、整理の加減が難しい。

　１回流れを経験して手順を理解した後、フローシートを書いて少し本格的なディベートをおこなう。教科書にはテーマとして「授業時間は90分では長すぎるので60分にすべきだ」が載っているが、「60分の昼休みを延長して90分にすべきだ」というテーマでおこなったこともある。この段階では

いろいろ調べて論点を立てるのではなく、その場でいくつか論点が出てきやすい日常に即した身近なテーマがよい。

　授業の方法や開始時間など学習者たちが改善してほしいと考えている問題を取り上げてもよい。注意すべき点は両面性のあるテーマかということである。学習者たちから出たテーマを取り上げてもよいが、よい点・悪い点を三つ以上簡単に挙げることができ、決着がついていないテーマである必要がある。

❸ディベート指導のやりにくいところ

　ディベートを指導していて困るのは、論議を呼びやすいテーマがあまりないことである。ディベートが好きな学習者はどのようなテーマでも積極的に意見を出すのだが、ディベートが好きという学習者はそれほど多くない。論を立てる段階で肯定側・否定側で様々な例をすぐに思いつくことができるテーマはなかなかない。

　また、これが思考のゲームだと理解できずに、自分の主張を変えられずどちらの陣営にいても自分の言いたいことしか言わない学習者もいる。たとえば「死刑制度に賛成か、反対か」というようなテーマはヨーロッパの学習者にとっては過去の議論で、彼らには死刑制度が未だに存在していること自体がよく理解できなかったりする。死刑賛成派になってもなかなか死刑制度を擁護する発言ができず、ディベートが成り立たなくなったことがある。逆に、中国のように死刑が比較的簡単に執行され、国の制度についてあまり批判的なことを発言することが憚られる環境で育ってくると、「死刑反対」というテーマに抵抗を感じる場合もあるようだ。

　また時の流れによって成り立ちにくくなってしまうテーマもある。たとえば10年ほど前であれば、「環境保護か開発か」という問題はディベートのテーマになりえたが、今は「環境保護」が当たり前という風潮になっているので、開発派に有利な資料はそろえにくい。それで、「バイオエタノール燃料の使用」といった限定的な話題でディベートをさせることになるが、これも技術開発の進展によって変化していくテーマと考えられる。それらのことからいえることは、中級レベルのディベートに向いたテーマの例を挙げるのはなかなか難しいということである。

様々な困難点を抱えながらもディベートをおこなう利点は学習者個人がどのような意見を持っていたとしても、自分の意見とは違う発想をしてみるという状況に置かれることである。そうすることによって一面的な見方しかできなかったところに、異なる視点からの思考が加わり、自分の考えそのものは変わらないとしても、意見を述べる時にさらに一歩深まった議論ができるようになる。それは最後の仕上げのレポートに生きてくる。

❹ディベートのための資料集め

　ディベートのための資料集めは、このUnitの大きな目標の一つである「生に近い資料を駆使して自分で論点を整理し、自分なりの論を組み立てられること」を支える重要なポイントである。

　授業中にインターネットが使える環境にあれば、実際にインターネットを利用した資料集めをさせる。生教材がまだ難しい下のレベルのクラスの場合は、教師が集めた資料を配布してそれらを読んで理解することになる。しかし、その前に母語での知識を増やすために、母語のインターネットサイトでテーマに関する情報を見ておくと、学習者の理解が深まって議論が活発になる。母語での知識なくしてこの課題を遂行することはできないので、まず母語で理解を深めることが大前提となる。

　資料を集めるに際しては、ある論を支えるのにどのような資料が必要になるかを考えておく必要がある。そこで「応用練習1　ディベートの準備」では「医学部に入学するのに年齢制限は必要か」というテーマでディベートをする際の指導を例に、どのような資料を探せばよいかを考えさせる練習が入れてある。

　学習者たちにテーマに関する考えを深めてもらうために、55歳の女性が国立大学で医学部入学受験を断られたという簡単な記事を載せ、それをもとに「医学部入学に年齢制限を設けるべきか否か」というテーマで作成したフローシートの例を載せている。

　ここで重要なのはこのテーマでディベートをすることではなく、このテーマでディベートをするとしたらどのような資料が必要かを考えさせるところにある。たとえば肯定側の立論に「一人の医学部の学生を育てるには高額の税金を使っている」という文がある。この事実に説得力を持たせるためには

どのようなデータが必要で、何を調べればそれがわかるかということを具体的に考えさせる練習である。実際にデータを探すことまではしなくても、「一つの事実を述べるためには裏づけとなる資料が必要である」ということに気づくことが大切である。このことは後に続くレポートを書くうえでの重要なポイントとなってくる。

事実の記述に注をつけて出典を明らかにすることは、「作文」にはないレポートの特色であり、レポートの書き方で学ぶ基本事項である。レポートの書き方指導は学部に進学した後にするのだが、出典を明記することは定着しにくい項目の一つである。したがって、なるべく早い段階から事実の記述には裏づけとなる根拠が必要であるという姿勢を養っておく必要がある。

しかし、この姿勢はすべての学習者に必要なわけではなく、大学に進学する学習者のみが身に付けておくべき点なので、ここではあくまでディベートに必要な技術として提出するにとどめておく。これをここで出した理由は大学入学後のレポート作成を意識してのことである。

❺ディベートの評価

ディベートはジャッジと呼ばれる役割をする人がどちらのチームがよかったかを判定することで終わる。ジャッジは何を基準にしてディベートの判定をするかを理解していなければならない。ディベートの本質を知らない場合、ジャッジは自分の意見に近い方を選んでしまうことがある。ディベートのジャッジは自分の意見がどちらのチームに近いかではなく、論の運び方のうまかった方に軍配を上げなければならないのだが、これを理解することがなかなか難しい。

どうしてそう考えたのか理由を説明しなければならないので、ディベートとしてよいと考えたのか、自分がその意見に賛成だからなのかはすぐわかる。教師はそこでディベートの判定とは何であるかを毎回説明しなければならない。慣れてくるとディベートとしてどうであったかで判定できるジャッジも出てくる。しかし中級レベルではそれはなかなか難しいと考えたほうがよい。

ディベートとしての判定とは別に、個人の学習者の口頭表現力として今の発表はどうであったかという評価を個別におこなう必要がある。そのための評価基準を次に記す。中級におけるディベートの評価基準は自分の役割を理

解して話すことができたかどうかが大きなポイントとなる。立論・反論・まとめのそれぞれで役割を果たせたかどうかを中心として、論の組み立て方・具体例の出し方・まとめ方などを総合的に評価する。

【教材例—38】

> 1）ディベートの評価基準にはどんなことが考えられますか。
>
> ＜目的①＞：自分の意見を相手に正確に伝えられたか（立論スピーチの場合）
> ❶ 意見の立て方について……わかりやすいか
> ❷ 例の出し方について　……意見と合っているか
> ❸ 自分の役割を理解しているか
>
> ＜目的②＞：相手の意見をよく聞いて反論しているかどうか（反論スピーチの場合）
> ❶ 相手の意見を引用して、反論をしているかどうか（自分の意見ばかり言ってはいけない）
> ❷ 相手が困るようなうまい反論の例が出せているかどうか
> ❸ 自分の役割を理解しているか
>
> ＜目的③＞：さまざまな立場から考える発想を持つこと
> ❶ みんなでブレーンストーミングしたときに出た意見ですませていないか自分が考えた例などを言えているか
> ❷ 自分の意見は違っていても、自分が参加している側の立場で考えをまとめられているか

　評価はできたら毎回行うことが望ましいが、ディベート活動ができるようになることが目的ではないので、最終ディベートの前に少しポイントを注意する程度でよい。ディベートという言語活動は現実の生活の中でおこなうわけではなく、あくまで表現力を鍛えるための活動の一つである。したがって、その評価にそれほど力を入れる必要はないと考える。

❺ディベート後の文章化の指導

　最後のディベートのテーマは、調べたことをもとに抽象的な論を深めるテーマを設定し、あわせてインターネットで資料を調べる実習もおこなう。そうすることによって、最後のディベートを文章化したレポートは、資料を使いながら自分の考えを客観的に説明する形式となり、大学入学後のレポートに近くなる。

　表現活動の総まとめともいえるこの文章化は、文章の量・構成・論の展開など今まで学習してきた技術を総動員して書かなければならない。ここで重要なのは事実を説明するときに、何を見てそう考えたのかを資料を紹介しながら説明できることであり、この論の展開のし方はレポート・論文に通ずるところがある。まだ「注」をつけてその出典を明らかにするところまでは要求しないが、事実の記述には資料が必要なことを意識させる。

　この文章化のもう一つの目的は学習者のストレス解消である。ディベートで自分の意見とは違う立場に立つと、そのことについて表現したいストレスがたまるようである。そこで「文章化の時は自分の意見を書くので、そこでどのような意見を持っているか聞かせてください」と説明し、次の段階の課題を示しておくとよい。自分が言いたいことは調べれば調べるほどたまってくるので、その表現欲求を満たす場としても文章を書くことは有効である。「自分の意見を表明したい」という思いが強ければ文章表現の動機づけが上がる。

　最後の「レポートの書き方」では、それまでの文章表現の指導で何度も述べてきた「構成」をもう一度くりかえす。ここでのポイントは資料を自分の論に組み込む表現を覚えて、使えるようにすることである。

第3節　上級用アカデミック・ジャパニーズ表現教材を作る

　教材は単独で存在するものではなく、到達目標に向かって積み上げられたシラバスにそって作成されるべきであるというのが、『日本語中級表現』を作ることになった一番大きな理由である。それは文章表現の最終目標である「レポートの書き方」の習得のために必要な教材開発へとつながっていく。その結果作られた教科書が『日本語1』である。

　ここでは本章の第1節、第2節で述べてきた『日本語中級表現』教材の次につながる『日本語1』の中の「書く」教材の作成・開発を中心に、上級用作文教材について考えてみる。特に中級で指導した表現スキルをさらにレベルアップさせるために、上級ではどのような指導をおこなっていくかを中心に見ていく。

1. 学部開講科目「日本語1」とはどういう授業か

▶1　授業の概要

　東海大学に入学する留学生は学部共通科目として「日本語1」という日本語の表現科目を選択履修することができる。この授業は週に2コマ（1コマ90分授業）、火曜日／金曜日クラスか、水曜日／土曜日クラスとして開講されている。

　大学の授業は1セメスターが15週（試験期間を除く）でおこなわれ、週2コマ開講科目の場合1セメスターで30コマ近い授業数になり、「日本語1」は2単位が与えられる。2005年度までは指導する担当者が二人いて曜日ごとに文章表現指導と口頭表現指導を別々におこない、双方の連携が試みられることはなかった。

　学習者に毎学期配布される授業概要で「日本語1」は以下のように記述されている。

この授業の目的は留学生が大学で勉学をおこなう（単位を取る）うえで必要な日本語表現力を身に付けることである。具体的にはゼミや演習などの口頭表現活動と、レポートや儀礼的な手紙を書くなどの文章表現活動がある。大学の授業を受ける場合は、今まで日本語の教科書で学んできた日本語とは少し違った論文（レポート）を書いたり、ゼミ発表などをしたりする。これは日本人学生にとっても特別な練習が必要である。留学生にとってはさらに困難を感じる問題であるといえる。日本語表現に関して必要な知識や技術をこの授業を通して身に付けることは、これからの大学生活を送るうえで不可欠である。大学でのゼミ発表に必要な口頭表現とその結果をレポートにまとめる文章表現を併せて学ぶことにより、より実践的な表現力がつくようになる。

　上記の説明からもわかるように、この授業は演習発表・レポートに必要な表現技術を習得することを目指した授業である。

▶2　授業の実際

　予備教育の別科中級クラスで実施しているように、2006年度からは「日本語1」でも口頭表現と文章表現を原則として一人の教員が担当することになった。これは中級での経験から一人の教員が口頭表現と文章表現を同時に担当した方が、指導内容の重複が避けられ、学習者の負担も減ると考えたからである。
　実際一人が両方の技能を指導してみると、中級指導の際と同じように、別々に指導するよりもはるかに効率がよく、また時間の使い方に無駄がないことがわかった。
　口頭で発表した結果をレポートにまとめるので、アウトラインはすでに発表の段階でできていて、レポートのアウトラインを書く指導に労力を割かなくてもよい。また、発表した際に聞いている人からフィードバックをもらえるので、文章化されたレポートは口頭発表の内容をさらに充実させたものになる。口頭発表を文章で振り返ることによって、曖昧だった部分をもう一度調べて、深く理解することができるなど、両者を一つにまとめて指導する効

果は大きかった。

　学部における口頭表現指導の中心は、ゼミ発表のために必要な表現の指導であり、文章表現指導の中心はレポート作成である。1セメスター30回の授業の中で2回の口頭発表と、その発表後に発表内容をレポートにする課題を出す。その間に発表やレポート作成に必要な技術、手紙の書き方・就職活動に必要な表現などを指導する。

2. 統一教材作成に関わる問題

▶1　統一教材作成の経緯

　中級終了程度の学習者にレポートの書き方とゼミ発表を一本化して指導できる適当な教材がなかったので、2008年春に担当者で統一教材を作成することにした。2008年の春学期終了後に教科書のおおまかな構成とそれぞれの分担を決め、担当者の夏休み中の課題として、各自が使用していた教材をもとにして原稿を書いて提出した。それを編集して9月には仮印刷にまとめ、秋学期に試用版を作成して1回目の試行を実施した。秋学期の授業終了後、試用の結果を受けて問題点を一部手直しした第2版を作り、2009年春学期に使用して以降、毎年改訂を重ね2011年現在第4版を使っている。また2013年度に向けて第5版の改訂作業をおこなっているところである。

▶2　統一教材を作成することにした理由

　統一教材を作成することにした理由は、各キャンパス（湘南・伊勢原・高輪・札幌・旭川・清水・熊本など東海大学はキャンパスが各地に点在する）に留学生がいて、湘南キャンパス（筆者が所属する日本語教育機関・国際教育センターがある）以外で学ぶ留学生にも同じ日本語教育のリソースを提供したかったからである。また、現在4人が担当している「日本語1」の授業内容をそろえるためにも統一教材を作る必要があった。
　各キャンパスではそれぞれ独自に留学生に対する支援をおこなっているが、担当者が日本語教育の専門家ではない場合が多い。また、情報交換はお

こなっているが、具体的にどのような指導がなされているのかまでは不明な部分もあった。そこで、専門家による日本語の授業を受けることができなくても、テキストを学習者に届けることができれば、大学で必要な「表現」に関する知識は書いてあるので、学習者と指導する教師の参考になると考えた。

また、レポートの書き方やゼミ発表の技術は4年間の学生生活の中でくりかえし使っていかなければならないので、プリント類で渡しただけでは紛失して、必要な時に情報が取り出せない恐れがある。一冊になっていれば紛失する可能性も低く、必要な時に何度も見ることができるので、学習者にとっても便利だと考えた。

▶3　市販するかどうかの判断

この『日本語1』は出版する予定はない。第1章で書いたように、市販に向けては類書のないオリジナルなものができるかどうかがポイントとなる。学部で使うアカデミック・ジャパニーズ表現を指導する教科書はすでにいくつも出版されている。それらと比べてどれだけ特色のあるものが作れるかが市販する場合は問題になる。

『日本語1』に市販のものと違う点があるとすれば、能力試験N2程度の学習者が使うことを想定している点である。市販されている教科書は説明されている内容がN2程度の力しかない学習者には難しく、日本人学生にも利用できるようになっているものが多い。

もう一つの特色は、共通の教材をゼミ発表の視点とレポート作成の視点で扱っている点である。たとえば、前半のレジュメを使った要約発表とミニレポート指導の部分は、両者の類似点・相違点がはっきりわかるように作られている。さらに両者の違いをわかりやすく示すために、同じ題材をもとにして発表する場合のレジュメ・発表表現・レポートの見本を載せてある。

この教材の市販に向けての問題点はオリジナル性がどの程度あるかという点以外にもある。それは大学で使う教材の場合、大学の学年暦や授業形態に当てはめて作られた教科書がそこで教える教師にとって最も使いやすい教材であるという点である。どこの機関でもそれぞれの授業形態に合わせた工夫をして教材を作っているはずなので、学習者があまりにも限定され、特定の

プログラムにそいすぎる教科書はなかなか市販しにくいのではないかと考えた。

また、前述したように『日本語１』はすべてのキャンパスに入学した留学生に無料で配布することを目的として作られたものなので、市販すると無料配布ができなくなる。この点がこのテキストを市販できない最大の理由である。

3.『日本語１』の構成について

下記が『日本語１』の「文章表現編」の目次である。

【教材例—㊴】

```
＜文章表現編＞
［基礎練習編］
１．日本語の書き方                                          37
　１－１．日本語の書き方の注意点
　１－２．いろいろな記号の使い方
　１－３．数字とアルファベットの書き方
　１－４．その他
２．事実文と意見文                                          39
　２－１．「事実文」と「意見文」とは何か
　２－２．レポートの文章の種類
３．文の要約                                                40
４．グラフ解説文                                            41
　４－１．グラフ・図・表から情報をとるために注意すること
　４－２．生データからグラフを作るために注意すること
　４－３．グラフ解説文を書くために注意すること
５．儀礼的な手紙文の書き方                                  44
　５－１．手紙とメールの違い
　５－２．手紙を書く前に
```

5-3．手紙文の形式
　　5-4．封筒の書き方
6．はがきの書き方・メールの書き方　　　　　　　　　　　　48
　　6-1．はがきを使う場合
　　6-2．年賀状・暑中見舞いの書き方
　　6-3．往復はがきの使い方
　　6-4．メールの書き方
[レポートの書き方編]
7．レポートの構成　　　　　　　　　　　　　　　　　　　55
　　7-1．レポートとは何か
　　7-2．レポートを書く手順
　　7-3．資料（しりょう）の集め方
　　7-4．レポートのアウトラインの作り方
　　レポート見本：「日本の学校制度について」　　　　　59-60
　　7-5．序論の書き方
　　7-6．本論の書き方
　　7-7．結論の書き方
8．注と引用　　　　　　　　　　　　　　　　　　　　　65
　　8-1．引用とは何か
　　8-2．レポートを書くときの大原則
　　8-3．出典（しゅってん）（参考資料（さんこうしりょう））・注とは何か
　　8-4．注のつけ方
　　8-5．出典（しゅってん）の書き方について
　　8-6．引用のしかたについて
9．レポート提出前にチェックすること　　　　　　　　　74
　　9-1．内容について
　　9-2．文章作法について
　　9-3．論文作法について
　　9-4．書式について

付録1：レポートチェック用紙	75
付録2：就職活動のための日本語表現	77
1）エントリーシートの書き方	
2）就職試験のための面談	
3）就職試験のための作文	

▶1　基礎練習編について

　レポートを書く前の準備練習として「基礎練習編」がある。学部に新しく入ってくる留学生は、東海大学の別科で『日本語中級表現』を使ってアカデミック・ジャパニーズの基礎を学んできた学習者だけではない。むしろ他の日本語教育機関で日本語を学んで入学してくる学習者の方が多い。この「基礎練習編」は基礎を学んでいない学習者を想定して、基礎的な部分を確認することを目的にしている。したがって、『日本語中級表現』で学んだ「事実文と意見文」、「要約」、「グラフ解説文」がここでも指導項目になっている。
　『日本語中級表現』と違って「基礎練習編」には「手紙の書き方」も入れてある。それは文章表現で学んだことが一つにまとまっていると、「書く」ことに困った場合に学習者がこのテキストを見れば問題が解決できるのではないかと考えたからである。
　また、この「基礎練習編」の部分ははじめから順番に扱うのではなく、適宜実施できるようにしてある。それは単元の合間に1コマで終了する指導項目がいくつかあったほうが、口頭発表やフィードバックなどの活動で余った時間の調整に使うことができるからである。

▶2　レポートの書き方編について

　「レポートの書き方編」は口頭発表の結果をまとめてレポートにするために必要な技術や知識について学ばせるための教材である。中心となるのは「8．注と引用」である。この章は毎年改訂されている。どのような練習をさせれば、「脚注」をつける目的、脚注のつけ方、効果的な引用のし方を理

解させることができるのか、毎年試行錯誤をくりかえしている。

　レポート見本「日本の学校制度」を載せてから、学習者のレポートに関する理解が深まった。これは最初に書かせる 2,000 字程度のミニレポートで、レポート作成の際に使い方を習得しなければならない「章立て・注のつけ方・引用のし方・参考文献の書き方」が確認できるように、筆者が書き下ろしたものである。

▶3　就職活動のための日本語表現

　近年留学生の就職活動支援が重視されるようになり、そのために必要な表現活動を指導するために新しく付け加えられた。文章表現関係では「エントリーシートの書き方」と「就職試験のための作文」に関する指導を入れた。日本人学生向け文章表現の授業で就職試験用作文指導をしていたので、そこで使った教材をもとに作成した。

4.『日本語１＜文章表現編＞』の作成と指導について

▶1　「事実文と意見文」の作成と指導

　レポートという文章の特色は資料をもとにして論を展開していくところにある。したがって、レポートを書く際には必ずいくつかの「資料」が必要になり、その資料に書いてある事実を論拠にして自分の考えを展開していかなければならない。そこで必要になってくるのが「事実文と意見文」の違いである。この違いに注目させることが「引用」と「注」の指導をするうえで重要になる。

　「『事実と意見を区別して書きましょう』という助言は意味があるとはいえません」[10] という意見もあるが、レポートを初めて書く留学生にどんな文に注をつけるべきか、つけなくてもよいのかという目安を示すためには「事実

注〉
[10]　佐渡島紗織・吉野亜矢子（2008）p.98

文と意見文」の違いを認識させる必要がある。

　そこで、学習者にレポートを書く前に「事実文と意見文」の違いを理解させるための練習を入れた。事実文と意見文とは何かを簡単に説明した後に、二つの練習をつけた。【教材例─㊵】＜練習1＞はそのうちの一つである。（以下、【教材例─㊵〜㊼㊾〜㊿】は『日本語1〈文章表現編〉』の教材例である。）

【教材例─㊵】事実文と意見文の違い

> ＜練習1＞以下の文章は事実文ですか、意見文ですか。もし事実文ならどんな資料を調べたらその内容が正しいか、正しくないかわかりますか。
>
> ❶　今日の天気は晴れだ。
> ❷　今日は暑いからビールが飲みたい。
> ❸　昨日のサッカーの試合は1対0でわたしたちのチームが勝った。
> ❹　わたしたちのチームは最近調子がいい。
> ❺　日本の首都は京都だ。
> ❻　京都はにぎやかな町だ。
> ❼　田中さんはさっき豚肉とタマネギとカレー粉を買ったから、きっと今日はカレーだ。

　事実文と意見文についての説明を読んだだけでは、どのような文が事実文か、意見文なのかが学習者にはまだよく理解できない。そこで【教材例─㊵】＜練習1＞を作った。ただ事実文か意見文かを考えさせるだけではなく、事実文であればどのような資料で確認できるかを考えさせるのがポイントである。

　事実文というと書かれた内容が「事実」であると考えがちなので❺の問題を入れた。学習者のだれもがそこに書かれている内容が「事実」ではないとわかる例を出し、事実文とはそこに書かれている内容の真偽が、何かの資料によって判定できる文であることに気づかせる。実際に見られる文の多くは❼のように両者が混在している文なので、最後にその例も載せてある。

　この練習の文は初級程度の日本語で書かれている。ここでは事実文とは何かを理解することが目的なので、例や練習の文の読解で学習者を手間取らせ

ないように配慮してある。また、同様の考えからこの教科書に出てくる漢字にはすべてルビ（ふりがな）がふってある。学部で使用する教科書であるにもかかわらず、総ルビにしている理由は、そこまでしなければならない学習者もいるためである。

事実文と意見文の違いが理解できたところで、その違いを理解することがレポートを書く際になぜ必要になるかを【教材例—㊶】のように説明している。また、まだ注とは何かについての説明はされていないが、事実文には注をつけることを意識させるための練習がつけてある。

【教材例—㊶】事実文と意見文の違いと注

2－2. レポートの文章の種類

　レポートの文章は実際には事実文と意見文が混ざった文からできています。その違いをよく考えて、事実文には内容が正しいことを証明するために注をつける必要があります。

＜練習1＞

　問題の文章は事実文・意見文、両方が混ざった文からできています。それは問題の文章のそれぞれどの部分か考えなさい。

＜練習2＞

　レポートでは「事実文」には必ず注をつけなければなりません。
❶　問題の文章のどの部分に注をつけますか。
❷　どんな資料でその事実がわかったのでしょうか。その資料はどんなものですか。

▶2　「文の要約」の作成と指導

ここでは『日本語中級表現』で1学期を通して指導した「要約」力の確認をおこなう。他機関から来た学習者は数回しか要約指導を受けていないことを想定し、「要約をする手順」について説明した後に練習をさせる。

【教材例—㊷】要約の手順のポイント

要約をする手順
1）重要と思われるところに線を引く。
2）線を引いたところの内容をくわしく読んで、考える。
3）要約文の構成を考える。
4）文章にしてみる。
　注意：元の文を利用しながら、<u>再加工して自分の文を作ること</u>

　ただ文章要約練習をさせた場合、中級で要約を指導した時に起こりがちな「コピー＆ペースト」の問題がくりかえし生じる。そこで「<u>下の文章</u>を読んで、<u>二つの文・全体で150〜200字程度</u>に要約しなさい。」という縛りをかけた問題にしてある。

【教材例—㊸】

　「東京にはカラスは何羽いるんですか」とか、「カラスは増えているんですか」とよく聞かれる。
　2年前の12月、都市鳥研究会で調査したところ、山手線内とその周辺の都市部に約1万羽のカラスが生息していた。東京のカラスの個体数をカウントするのは容易ではない。というのも、相手は大空を自由に飛び交う鳥類なので、日中に公園やビルの屋上にいるカラスを1羽ずつ数えきれるものではない。ところが、カラスは非繁殖期には集団で夜を過ごす習性があるので、塒の場所さえわかれば、夕方次々と戻ってくるのを待ち構えて1羽ずつカウントすることが出来る。
　都心部のカラスの集団塒としては、明治神宮と自然教育園の緑地が有名である。この緑地に夕方飛来するカラスを、緑地を取り巻く見晴らしのよいビルの屋上に陣取り、塒に出入りする個体数をカウントして集計したのが約1万羽であった。同じ方法で1985年に調査した時には約7千羽だったので、5年間に3千羽も増加したことになる。

> 　2年ぶりに明治神宮を見下ろすマンションの屋上に出かけてみた。屋上からは新宿副都心の超高層ビル群がよく見える。夕方になると、3〜4羽の小群や20〜30羽のまとまった群れなどが次々と明治神宮を目指して飛来してくる。都心には残飯などの食物が豊富で天敵も少ない。明治神宮のような安全な塒もある。しかも周辺部より都心部の方が気温が高いので寒い冬を過ごしやすい。東京のカラスはまだまだ増加しそうである。
> 　西空に赤い夕日が落ちていくころ、数千羽のカラスが一斉に飛び立ち、塒の上空を乱舞する習性がある。東京にもこんな自然があったのかと思わせる実に壮観な眺めである。
>
> <唐沢孝一「東京の自然」　1992.12.3．毎日新聞夕刊>

　この問題の文章は新聞から取った1,100字程度の東京のカラスについてのエッセイ記事である。ここでは制約のある要約をしたことがない学習者のために、さらに以下のようなヒントを与えている。

【教材例―㊹】要約のし方のポイント

> 要約ポイント　❶+❷で1文、❸+❹で1文にしてみよう。
> ❶　調査方法：いつ・だれが・どこで・何を・どのような方法で
> ❷　調査結果：具体的な数値・結果の分析
> ❸　原因分析：四つ
> ❹　まとめ・結論：これからも増加しそう

　上記のヒントをもとに文を作ると、二つの文でまとまった要約をすることができ、要約がコピー&ペーストをした文にはならない。そういう要約文を目指すように指導する。同様の練習を時間があればいくつかさせる。
　ただし、この文章の読解が困難な学部1年生もいて、そのような学習者のために中級教科書で扱った文章をもとに要約させる場合もある。

▶3 「グラフ解説文」の作成と指導

　グラフ解説文に関して上級で特に指導する項目は出典の明記のし方である。また論文・新聞などの文章にしか出てこないグラフ解説表現を紹介する。また、中級で指導した「グラフ解説文の構成」を確認のために入れ、併せて出典の明記のし方の表現を紹介している。

【教材例—㊹】グラフ解説文の構成と表現

1）グラフ解説文の構成
　グラフからわかる事実の説明＋その原因・結果などの考察
2）グラフ解説で使う表現
　グラフ解説には決まった表現があるので、現象に合った言い方をおぼえましょう。

　|グラフからわかる事実|を説明する表現
　❶　データの出典の説明をする
　❷　一番大きな部分（変化・量）を説明する
　　　少ない場合・多い場合・変化のようす・変化がない場合
　❸　比較して述べる
　❹　データを説明したあと、その説明からわかることをもう一度まとめる

　|グラフからわかる事実についての解説|で使う表現
　❶　原因・理由を説明する
　❷　結果を説明する

　「2）グラフ解説で使う表現」はそれぞれの場合に分けて、よく使われる表現を紹介している。**【教材例—㊹】**は参考までに紹介している表現項目のみを載せた。

▶4 「儀礼的な手紙文の書き方」の作成と指導

　情報の伝達という点から見ると、メールや携帯電話が発達した現在、手紙

を書く機会は減っている。しかし「手紙」という伝達手段が今後消えてなくなるかといえば、特別な場合に限って残っていくと筆者は考えている。かつて手紙には情報伝達と書き手の思いを伝えるという二つの機能があった。前者の情報伝達に関しては速さ・正確さからいってメール・電話が担っていくのは当然のことである。後者の「思いを伝える」という機能に関してはどうであろうか。

　遠くに住んでいる友人から品物を送ってもらった時、「品物が届いた」という情報はメールや携帯電話でよいかもしれない。しかし、品物をもらった時に感じた気持ち、品物を使って感じた思いを伝えるのに携帯電話・メールだけでよいだろうか。携帯電話やメールで伝えきれない思いが手紙でなら伝わる。それは手紙という手段が手間隙をかけたものだからである。わざわざその人のために自筆で書く手紙はその点で携帯電話・メールにない機能を持っているといえる。お中元やお歳暮、お返しの習慣など形式的なことを好む日本人にとって、儀礼的な手紙は今後その存在感を増していくかもしれない。

　母語でもあまり手紙を書いたことがない若い学習者に、手紙の書き方を指導するためには、まず日本における手紙の重要性を理解させる必要がある。そこで手紙の指導の導入にメールと手紙の違いを考えさせる練習問題を入れてある。

【教材例—㊻】手紙とメールの機能の違いと用途

<練習問題>手紙とメールの違いを考えてみましょう。❶～❻の場合はどちらを使いますか。

❶　友人を飲み会にさそう。
❷　国にいる両親に送金をたのむ。
❸　帰国後、日本でお世話になった指導教授に推薦状を書いてもらう。
❹　就職が内定した企業の担当の人に礼状を書く。
❺　ホームステイ先の年輩の人に礼状を書き、あわせていっしょに撮った写真も送りたい。
❻　ホームステイ先で親しくなった友人（同年齢）に、いっしょに撮った写真を送りたい。

---

❹は実際に筆者が就職の決まった4年生の留学生に相談された例である。同様に、教育実習から帰ってきた日本人学生からも、実習先の校長先生・担当の先生に礼状を出すように指導があったが、どのような手紙を書けばよいかわからないという相談を受けたことがある。

　どちらの例も「お世話になりました。ありがとうございます」が伝達すべき情報だが、それだけを書いて送ればよいというものではない。ここで要求されているのは、感謝の気持ちを表すという手紙が担っている機能である。これらの実体験を例に話をすると、課題に取り組む動機づけになる。

　次に手紙で使う道具、便箋・封筒・筆記用具などの説明をする。儀礼的な手紙は使う道具に注意が必要なので、相手に失礼にならないように手紙を出すマナーを教える。便箋の正式な畳み方は三つ折にするなど、実践して覚える項目は多い。

【教材例―㊼】

> 1）道具をそろえる（便箋・封筒・切手・筆記用具など）
> 　手紙で最も敬意が高いものは、巻紙に筆で書いたものである。今でも「目録」や「儀式（葬式・卒業式など）」などで使われる。しかし、現代では特別な人をのぞいて筆で手紙を書ける人はいないので、それに準じた道具を使う。巻紙・筆に近い状態がより敬意が高いと考えられる。たとえば筆記用具の色を例にとると、筆は墨で書くので墨の色と同じ「黒」のほうが「青」より敬意が高いことになる。
>
> ① 便箋
> 　友人に出すものはどんなものでもよいが、目上の人に出すときは罫（けい：紙にもとから印刷してある線のこと）の入った白紙のものが基本。巻紙に近いものは線の入っていない無地のものだが、それでは書きにくいので罫が入っていても、白であれば問題はない。
>
> ② 封筒
> 　封筒も白い定形を用意しておく。
> 　会社などの名前が印刷してある封筒を私的郵便物に使用してはいけない。
> 　……社会人のエチケット

③ 切手
　切手は80円・50円・10円の3種類は用意しておきたい。記念切手などであればさらによい。10円は重量がオーバーしたときや、外国郵便を出すときの差額（アジア地域などであれば90円なので80円に10円をはるとそのまま出せる）などに使えるので、あると便利である。手紙の重さを量るスケールもあるとよい。

④ 絵はがき
　簡単な礼状を書くとき、書くところが少ないので絵はがきは便利である。何枚か気に入ったもの（自分の国のものなど）を用意しておくとよい。

⑤ 筆記用具
　目上の人に出すのは万年筆が原則だが、現在は質のよい水性ボールペンがあるので、それでもよい。ふつうの事務用油性ボールペンは不可。色は黒かブルーブラック。赤・緑・紫などそれ以外の色は使わない。
　機械を使って手紙を書くのは事務的な内容のときで、礼状など心をこめて書く場合は手書きで書くこと。電話やメールではなくわざわざ手紙を書く意味を考えると、どんな悪筆であってもやはり手書きで書きたい。

　上記の道具の説明をすると、日本人が手紙に対して持つ細やかなこだわりが伝わり、日本人にとっての手紙の持つ価値を再認識するようである。
　道具の説明をした後に「拝啓」で始まる正式な手紙文の指導に入る。

【教材例―43】

5−3. 手紙文の形式

<前文>

① 書き出し　A 正式な場合　　：拝啓・謹啓…
　　　　　　B 省略する場合　：前略・冠省・突然で失礼ですが…
　　　　　　C 返事の場合　　：拝復・拝答・お手紙ありがたく拝見いたし
　　　　　　　　　　　　　　　ました…

② 季節についての話題をいれた挨拶

③ 安否の挨拶（☆以外の場合）
　　皆様お変わりありませんか、お障りなくお過ごしでいらっしゃいますか
　　長らくご無沙汰いたしておりますが、お変わりなくご研究に励んでい
　　らっしゃることと存じます。

☆おわび・お礼の挨拶（手紙の用件をとりあえず最初にいう）
　　おわびの場合：………の折り／…の節はたいへん失礼いたしました。
　　お礼の場合　：先日は………をありがとうございました。

<本文>

　さて・ところで・じつは・さっそくですが

<末文>

④ 結びの挨拶
　a：用件を終わらせる
　　まずは取り急ぎ用件のみにて失礼します。まずは用件まで。
　　くわしくはいずれお目にかかって申し上げます。
　b：自分の文章・文字のいたらなさを謙遜する
　　乱文乱筆にて失礼いたします。
　c：相手のことを思いやる
　　皆様ご自愛のほどお祈り申し上げます。ご多幸をお祈りいたします。
　d：相手の家族・友人などと知り合いの場合
　　末筆ながら××さんによろしくお伝えください。

<結びのことば>
　①結び　書き出しA・Cで始まったとき：敬具
　　　　　書き出しB　で始まったとき：草々（早々）・不一
　　　　　　　　　　　　　　　　　　　かしこ（女性のみ）

<後づけ>
　①日付
　②差出人の署名
　③宛名と敬称
　　　＊＊＊＊様・先生
　　　＊＊＊＊御中（会社・学校・役所など組織に出す場合）
　　　＊＊＊＊殿　（組織の肩書きがつく場合。私信には使わない）
　④追って書き
　　　追伸・二伸
　　　………数行にかぎる。目上の人への手紙には書かない。

【教材例─㊾】

5-4. 封筒の書き方
　① 住所は右はしに書く
　② 名前は住所より大きな字で真ん中に書く（郵便番号の一番左側の線から左に出ないこと）
　③ 切手をはる下の部分には何も書いてはいけない
　　　ただし、赤字で 写真在中　レポート在中 など手紙の中身に関する注意なら書いてもよい。
　④ 裏の下半分の真ん中に自分の住所を書く
　⑤ 裏の右上に手紙を出した日付を書いてもよい

<練習1>
　① 先生に推薦状を書いてもらう依頼の手紙を書いてみましょう
　② お世話になった日本語の先生に近況報告をかねたお礼状を書いてみましょう

教科書にはまだ見本となる手書きで書いた縦書きの手紙文の例がないため、教科書の記述どおりに横書きで書いてしまう学習者もいる。例がほしいという要望があり、次回の改訂版には入れる予定である。
　手紙には書く相手が必要となるので、儀礼的な手紙を書く課題の相手としてお世話になった日本語学校の先生宛に出すよう指導している。「拝啓」の手紙文を友人に出すのはおかしいので、敬語を使う相手として恩師が適当であると思い、毎年書かせて清書させ、できた課題を実際に先生宛に送っている。

▶5　「はがきの書き方・メールの書き方」の作成と指導

　ここでの授業のポイントは年賀状・往復はがきの書き方を学ぶことと、あらたまった相手にメールを出すときの注意点である。
　年賀状を出す習慣が若い人を中心になくなりつつあるが、社会に出たときに必要となるので練習をしておく。年賀欠礼のはがきを出す慣習など留学生にはなじみのないマナーがあるので、知識として紹介する。
　同様のことが往復はがきにもいえる。社会人になると結婚式に招待されたり、同窓会の連絡をもらったりと往復はがきをやり取りする機会が生まれる。その際に必要となる日本的な作法を知らないと困ることになるので、実習させる。
　往復はがきは「往き」と「返り」とで発送する人物が「往き」は会の主催者、「返り」ははがきを受け取った人物に変わる。その結果、書かれている文面の主語が往信と返信では異なることを理解させる。その後で、なぜ返信用はがきの表に書かれている名前の下に最初は「行」と印刷してあるのを「様」に書き換えなければならないのか、裏に書かれている「御出席」の「御」を斜線で消すのかを考えさせる。機械的に対処法だけを教えるのではなく、その背景にある日本文化に気づかせることが重要である。
　あらたまったメールは、卒業生が文章表現で最も習っておきたかったことと答えている項目である。ビジネスメールの書き方を大学で教える必要はないが、友だち相手ではない形式的なメールを出す練習は必要である。そこで、先生宛にレポートを遅れて提出することになった旨の詫び状をメールで書か

せて、実際に提出させている。

　日本人学生も先生宛にメールを出す指導を受けてこないのか、絵文字こそ使わないものの必要な形式が整わないメールを送ってくることがある。

　そこで、下記のようなメール文を載せて、どのようなメールがよいか考えさせている。

【教材例―㊿】

メール①

件名：ごめん

先生、ごめんなさい！m(＿　＿)m

レポート遅くなっちゃった。ひどいかぜでずっと寝ていたんです。
よろしく御願いします！

アルン

メール②

件名：日本語1レポート提出

村上先生

　日本語1のレポートを提出いたします。

インフルエンザでずっと寝込んでいたため、提出が遅れてしまいました。申し訳ありません。

0BJJ1111　陳　淑美

> **メール③**
>
> 件名：日本語１レポート提出が大変遅れて申し訳ありません
> 村上先生
>
> 　毎日寒い日が続いていますが、先生にはますますお元気でご活躍のこととお喜び申し上げます。
>
> 　このたび、日本語１のレポートを書き上げましたので、添付いたします。インフルエンザにかかって寝込んでいたため、提出締め切りに間に合わず、先生には多大なご迷惑をおかけしました。謹んでお詫び申し上げます。
>
> 　末筆ながら、先生のますますのご健康とご多幸をお祈りいたします。
>
> 応用光学科　ハサン

　メールとしてどれがいいか①から③の中で選ばせると、①と答える学習者はいないが、③と答える学習者は少なからずいる。先生宛なので丁寧な方がよいと考えるようだ。そこでもう一度メールと手紙の違いについて考えさせることになる。

▶6 「レポートの書き方編」指導の手順

　レポートを書かせる前に、次のような要約発表についての説明とレポートの執筆要項を配布する。4月中旬に授業が開講し、履修者が履修登録を済ませた3回目ぐらいで説明して、発表準備を開始させる。

【教材例―㊼】要約発表の手順

> **要約発表について**
> 1. 発表をする日：5/10 〜
> 2. 発表する内容
>   1）要約の中心となる文章を一つ決める（文章もコピーして出すこと：①〜③を参考にして決める）。
>   ① 日本語２や学科の専門の授業で読んでいる文章を一つ選ぶ。
>   ② 日本語学校の授業のときに勉強した教科書の文章から選ぶ。
>   ③ 現在新聞・ＴＶなどで取り上げられている<u>時事問題に関する</u>好きなテーマを選んでまとめる。
>   2）選んだ文章の内容を説明するために必要な資料を<u>二つ以上</u>さがす。
>   ……辞書・事典・用語集・インターネットの記事など
>   3）テーマの文章と資料二つをもとにレジュメを作る（レジュメを出す・みんなに配る）
>   4）レジュメを見ながら文章の内容について要約発表する。10分以内

　口頭発表の１回目は「要約発表」と呼んで、紹介する文章を一つ決めて、その文章の内容をまとめて発表することが中心となる。

　文章は原則として学習者が自由に選ぶことができるのだが、各自の能力に合わせて少し簡単なものを選ぶように勧める。ゼミで読んでいるものがあればそれでもよいし、「日本語２」の授業で読んでいる文章でもよい。それでも難しいと思われる学習者には、かつて日本語の中級クラスの授業で勉強した教科書の文章を要約するように勧めている。

　ここでおこなう要約発表は『日本語中級表現』でくりかえし指導してきた口頭要約の発展にあたる。東海大学の別科出身の学習者にとってはなじみのある活動になる。異なる点は、発表用のレジュメを作成して配布することと、発表した後にミニレポートにまとめて提出しなければならないことである。

【教材例—52】レポートの提出方法とその条件

ミニレポートについて
1. レポートを出す日：5/19（木）
   レポートを出す方法：添付メールで送り状をつけて先生宛に送る。
2. テーマ：「要約発表」で発表した内容を文章化する。
3. レポートを書く注意：ワープロ原稿　横書40字×40行設定で
   　　　　　　　　　　1枚半ぐらい書く。　2,000字以上

　条件1　資料は二つ以上使うこと
　条件2　間接引用・直接引用の形式を事実を紹介する時それぞれ必ず1
　　　　 回以上使うこと
　条件3　引用の部分には必ず注をつけること：ワープロの脚注機能を使う
　条件4　参考文献（二つ以上）をつけること

　要約発表について説明した後で、レポートについての簡単な説明をおこなう。レポートの提出方法は「6．はがきの書き方・メールの書き方」で学んだことの実践となる。

　レポートを書く条件には四つあり、これをクリアできない場合は再提出になる。条件のくわしい内容についてはこのあと時間をかけて説明していく。4月に入学してきた学習者にいきなり発表とレポート提出を要求しても、何をしたらよいかわからずに戸惑う場合も考えられるので、最後に次のような活動の指針を提示している。

【教材例—53】要約発表からレポート作成までの流れ

発表・レポートを書くまでの予定
［テーマのしぼりこみ＋資料収集］
　1）4/26　第1回資料提出（中心文を決め、そのテーマとなる文を持ってくる）
　2）5/6　レジュメ提出・チェック→OKが出た人は次回から発表／資料再提出（足りない人）→

```
[要約発表]
   レジュメをもとにした口頭発表    5/10、5/13、5/17


[レポート作成]
 1）レポートのアウトラインの作成（レジュメ5/6まで）
 2）レポート提出  5/19
   5/20→    レポート相互評価 ⇔ 意見交換
 3）レポート返却5/24→   再提出締め切り：5/27
```

　学習者は上記の予定を見ながら発表準備に入り、授業で並行しておこなわれている発表のし方・レポートの書き方を聞いて自分の作業の参考にする。

　指導としては、最初に発表する文章を決めて提出させ、テーマを考えさせる。レジュメの構成を指導してから、レジュメのアウトラインを作らせ、提出させる。レジュメのチェックが終わった学習者から発表・フィードバックをおこなう。

　授業で発表・レポートの説明をする傍ら、毎時間課題を課して準備の進捗状況をチェックしていく。発表まで持っていくことができれば、細かい条件がクリアできるかどうかはともかく、レポートを提出することはできる。

　自分で一度レポートを書いてみなければ、どんなにレポートの書き方の説明を受けても実践できるかどうかはわからない。学習者によっては1回で問題のないレポートを提出する者もいる。しかし、多くの学習者は自分の書いたレポートを何回も直しながら、レポートを書くうえで必要な技術を身に付けていく。

　以上の「発表→レポート」を学期中に2回おこなう。2回目の発表ではレジュメではなくPower Pointを使って20分近い発表おこない、レポートの長さも倍の4,000字以上になる。2回目の要項は1回目のレポート提出後に配布し、すぐに次の作業に取りかからせる。

▶7 「レポートの構成」の作成と指導

　前述のようにレポートの書き方指導は学習者の発表準備と並行しておこなわれる。中心となる文章を決めた後、関連する資料の集め方の指導をおこない、レジュメを作らせる。レジュメの構成を考えさせることで、レポートのアウトラインを同時に作ることになる。

　レポート見本として載っている「日本の学校制度について」は東海大学留学生教育センター編『日本語中級Ⅰ』にある「第2課　学校のはじまり」の文章をもとに作られている。まず口頭発表のレジュメとして「＜口頭表現編＞2．レジュメ（ハンドアウト）の作り方」のところに本文全文とそれを発表する際のレジュメを例として載せてある。

　「レポートの書き方編」では、レジュメをもとにしてレポートのアウトラインを作る実例を載せ、そのアウトラインから実際のレポートを2,000字程度で作成した例が「レポート見本：『日本の学校制度について』」である。その例をもとに「序論・本論・結論の書き方」のところで、レポートの文章でよく使われるそれぞれの型を学び、どのように書けばよいのかを具体的に解説していく構成になっている。

【教材例—❺】レポートのアウトライン例

題名：日本の学校制度について　　副題：学校のはじまり

1．はじめに
　　日本の近代教育制度の基になったといわれる明治時代の教育制度について調べたい
2．政府が作った学校
　　1．明治以前の学校について　　武士の場合／農民の場合
　　2．政府が作った学校
　　　1）学校制度の歴史
　　　2）学校の種類と特色
　　　3）学校制度の問題点

> 3．民間人が作った学校
>   1．慶應義塾（現慶應義塾大学）の場合
>   1）創立者福澤諭吉について
>   2）創立の理由
>   3）慶應義塾大学の特色
>   2．津田英学塾（現津田塾大学）の場合
>   1）創立者津田梅子について
>   2）女子教育機関設立の理由
>   3）津田塾の特色
>   3．その他の学校
> 4．まとめ
>   明治時代に始まった教育制度は初等教育を重視していた。
>   民間人が創立した学校は自分の留学経験を生かした独特な教育をした。

　レポートのアウトラインは、レジュメを作成しているので、そのレジュメをもとに作ることができる。その後で「序論」の部分のみ文章化させる。序論に書くべきポイントである「テーマを選んだ理由・問題提起」の2点が入っているかをチェックする。

▶8 「注と引用」の作成と指導

　レポート指導の中心は「引用・注のつけ方」である。ここでの指導がレポート作成の4条件「①資料は二つ以上使うこと」、「②間接引用・直接引用の形式を事実の紹介の時それぞれ必ず1回以上使うこと」、「③引用の部分には必ず注をつけること」、「④参考文献（二つ以上）をつけること」に関わる重要なところである。

　調べたものをどのようにまとめてレポートの中に提示するか、これが中級までに学んできた文章表現指導にはない部分なので、引用のし方・注のつけ方は特にくわしく指導する。この部分は「レポートの構成」で簡単に触れられているにもかかわらず、「注と引用」としてさらにくわしく説明・練習があるので、一度で理解できた学習者に対しては「くどい」という印象を与え

かねない。しかし、この部分こそがレポートの書き方の要なので、何度もくりかえし説明し、練習もさせる。それでも習得することが難しい技術といえる。

この練習のための教材は市販されているレポートの書き方に類する本のどれを使ってもよい。学習者のレベルに合わせてそれらをやさしく書き直す必要はあるかもしれない。『日本語1』では様々な試みをおこなってきたが、最も有効な指導方法は実際に書いたレポートを自分で直すことである。引用の形式に合わせた体裁のレポートが書けるまで再提出が続く。そうして初めて学習者はレポートの書き方を覚えていく。

ミニレポートでは四つの条件ができるまで問題点を注意され、リライトが続くので、最後には課された4条件を整えたレポートを提出することができる。次の最終レポートではミニレポート提出の際に何度も修正しなければならなかった経験を踏まえて、自分一人の力で4条件をクリアしたレポートを書けるようになるかが評価ポイントになる。

注意点としては、ワープロソフトで脚注をつける指導をしているので、パソコンソフトのバージョンが変わるたびに、教師自身で脚注機能の使い方を確認しておく必要があることが挙げられる。

▶9 「レポート提出前にチェックすること」の作成と指導

レポートを書き終えた後、提出する前にチェックするポイントをまとめたチェックシートがついている。レポートといっしょに学習者はそのシートを提出することになっている。チェック項目は大きく分けて四つある。内容・文章作法・論文作法・書式である。チェックポイントは評価ポイントと同じものであることが望ましい。自己評価した結果が評価となれば、レポート作成時に注意するポイントも明らかになる。

【教材例—㉟】内容についてのポイント

① テーマは明確か……「はじめに」のところに問題設定がはっきり書いてあるか
② 事実文と意見の部分の違いははっきりしているか
　……事実には注がついているか
③ 「まとめ」のところに、今まで述べてきたことをまとめ、根拠を示しながら自分の意見が書けているか
④ 箇条書き・表・グラフを使ったほうがわかりやすいところはないか

　上記の項目について最終チェックで学習者は見直しをして、問題がなければ欄に○をつける。提出後のフィードバックでは他の学習者がその項目に関してチェックをしなおし、最終的には教師がチェックすることになる。
　内容に関しては最初に提出されるレポートではレポートの形式を習得することに主眼があるので、テーマが明確かどうかだけがチェックすべきポイントとなる。

【教材例—㊱】文章作法についてのポイント

⑤ 文体は「だ・である」体で統一されているか……話し言葉になっていないか
⑥ 誤字・脱字・漢字の変換ミスはないか
⑦ 1文が40字以上の文はないか　→　長文はよく読んで文の構成など問題がないか確認
⑧ 1段落が5〜10行以上になっている段落はないか　→　長い段落は改行の必要がないか再検討

　「文章作法」は文章一般に関する注意事項をまとめている。文体・文の長さ・段落の長さがチェックポイントとなっている。チェックしやすいように具体的な目安を挙げその長さで正しいかどうか確認する。文・段落によっては上記の目安を越える場合もあるが、再度確認をさせる必要がある。

【教材例—(57)】論文作法についてのポイント

⑨ 章立てはしてあるか……章立てがしていないレポートは再提出となる
⑩ 中心文が最初に来て、その後に具体例による説明が続く文章構成になっているか
⑪ 参考文献は二つ以上書いてあるか
⑫ 引用のし方は正しいか……人の文をとってきて貼っただけのレポートになっていないか
直接引用・間接引用の形を１回以上使いわけることが今回のチェックポイントになっている
⑬ 事実の記述には注がついているか（注はできるだけたくさんつけること）
ワープロの脚注機能を正しく使っているか

「論文作法」は授業で学んできたレポートの書き方の中心となるチェックポイントで、この部分ができるかできないかがレポート提出条件を満たしているかどうかと密接に関係してくる。特に⑪・⑫・⑬に問題があると、それができるまで再提出となる。

【教材例—(58)】書式についてのポイント

⑭ 指定された書式（用紙Ａ４サイズ、文字数の設定40字×40行）になっているか
⑮ 指定された文字数で書いているか（2,000字以上）：文字カウント機能を使用
⑯ 学生番号・氏名は書かれているか
⑰ ホチキス・クリップなどは左上でとめてあるか（紙で提出する場合）
横書きは左上・縦書きは右上。わからなくなったら、横書きの本がどう開くか思い出してみよう。反対にとじると読みにくいので注意すること

「書式」は最初に配布される要項に載っている形式の確認である。

10 「就職活動のための日本語表現」の作成と指導

入学したばかりの学習者にとって就職活動はまだ先のことと思いがちだが、将来の就職活動の際にどんなことがポイントとなるかを知って大学生活を送った方が、就職活動をする時に慌てなくてすむ。就職活動のために必要な日本語文章表現技術として「エントリーシートの書き方」と「就職試験のための作文」がある。

❶エントリーシートの書き方

「エントリーシート」が何かを学習者はまだ知らないので、エントリーシートの説明と、日本の就職活動の流れを最初に説明する。

【教材例―(59)】

① エントリーシートとは何か

就職活動をする時に希望する会社に提出する自己紹介文を書くための用紙。会社によってどんなことが知りたいかは違うので、自分が受けたいと思う会社のエントリーシートをチェックしてみよう。

就職活動の際には「履歴書」と「エントリーシート」が必要である。エントリーシートは１次選考・２次選考に使われるので、注意して書く。

② 就職活動の一般的な流れとエントリーシート

①入りたい会社にWebで登録する。この際に簡単なエントリーシートを書かされる。

② Webの登録されたシートをもとに、選考に通った学生に説明会の案内が来る。

③説明会場で、再びさらにくわしいエントリーシートを書かされる。

④その中から興味のある学生に面接の通知が来る。

その後で実際のエントリーシートの書き方の指導に入る。

【教材例—60】

> ③ エントリーシートに書くこと
> 　以下の①〜③の3点については必ず書かされるので、用意しておくとよい。企業によって字数制限がある場合もあり、その条件に合うように長くしたり短くしたりする。
> ①自己ＰＲ
> ②志望動機
> ③学生時代に力を入れたこと。それによって得たこと。
> 　それ以外に「あなたの能力を当社でどのように生かすことができるか」、「当社の製品についてどう思うか」、「最近関心のあることは」などいろいろ書かされることもある。

　ここでは具体的な会社名を考えて、その会社に入る際のエントリーシートを実際に書かせる。まず、「自己ＰＲ」、「志望動機」を書く時の注意をし、次に「学生時代に力を入れたこと」について考えさせる。これは学習者がこれから経験することを書くので、指導の際はどんなことに力を入れるつもりかを考えさせて書かせる。将来エントリーシートに書くことになる「学生時代に力を入れたこと」を1年生の時から意識させることは、ここで考えたことが実際の成果となるかどうかはわからないが、4年間の大学生活を送るうえで何かに力を入れた生活を送ることになれば指導した意味がある。

　「自己ＰＲ」、「志望動機」、「学生時代に力を入れたこと」に加えて「趣味・特技」についてそれぞれ300字程度で書く。それをもとに次の面接指導に入る。

❷就職試験のための作文

　学習者は「作文」というと、論旨をまとめる文を中心に書く傾向がある。ところが、入学試験やレポートと就職試験で書く作文では書かせる目的が違う。

【教材例―㉛】

> ① 就職試験と入学試験の作文の相違点
> 1) 実施目的の違いは何か
> 　① 入学試験の作文：文章構成力を見る。知識の有無を見る
> 　……文章がうまく書ける人が高得点
> 　② 就職試験の作文：発想力・どんな人かを見る
> 　……文章がうまく書けたからといって採用されるとは限らない
> 2) 作文形式の試験で出題者は何を知りたいと考えているのか？
> 　……その人物がどういう人かが知りたい
> 　→「おもしろそうな人だから面接で会ってみたい」と相手に思わせることが重要

　入学試験では公正さが要求され、高得点順に合格が決まる。しかし、就職試験では試験の高得点順に採用が決まるわけではない。試験は採用の際の一つの参考資料であって、それが絶対的な基準ではない。特に作文を課す側は書かれたものを通して受験者がどういう人かを知りたいと考えている。それは以下に挙げる「業種別過去問題例」[11]を見てもわかる。

【教材例―㉜】

> ② 業種別過去問題例
> 1) オーソドックスに人柄を見たい
> 　食品会社：わたしについて・食文化について・これからの夢
> 　石油・化学：学生時代に注力したこと・今までに一番力を入れたこと
> 　機械・鉄鋼：わたしの学生生活
> 　電気・自動車：科学について・誰にも負けないと誇れるもの／
> 　　　　　　　民主主義について
> 　金融・保険：でしゃばりと積極性の相違・わたしの愛読書・組織と個人

注）
[11] 高田城(1992)、坂口充史(2002)などの資料をもとに筆者がまとめたもの

2）会社との関わりを見たい
　流通・商社等：私のショッピングの考え・携帯電話を使った新ビジネス
　製造業：10年後の会社と私・社への提言
3）抽象度の高い問題で柔軟な発想力を見る
　旅行：青・自然保護について
　マスコミ：世の中で腹の立つこと・酔う・色・
　　　　　　ハイヒールの使い方を20考えなさい
　その他：「朝顔・花火・後悔」の3語を使ったストーリーを
　　　　　400字で書きなさい
　3題話（三つの関係のない単語を使って一つの物語を作る、落語などで使用される即興性が求められるもの）はマスコミ・広告が会社などで毎年出されている定番の形

就職試験の作文では上記のように多様な角度からその人物を判断しようと考え、各社で出題に工夫を凝らしている。したがって、日本留学試験で課される作文とは大きく傾向が異なる作文を書くことになる。

【教材例─❸】

③ 出題の傾向
　1）学生生活について　　①何を学んだか
　　　　　　　　　　　　②勉強以外に何に打ち込んだか
　2）自分に関すること　　①性格（長所・短所）　②趣味　③愛読書
　　　　　　　　　　　　④夢
　3）入社に関すること　　①志望動機
　　　　　　　　　　　　②入社後の抱負（やりたいこと）
　4）社会に関すること　　①時事問題
　　　　　　　　　　　　②社会問題（環境・高齢化など）　③国際問題

④ 対策
  1）テーマを決める：課題について自分の考えたことを書く
    →材料は自分の中にある。材料を探して、書きやすそうな視点でテーマを決める
  2）段落構成を考える：段落分けは必ずすること。ここに時間をかける
  3）字数制限は800〜1,200字で、60分以内に書くことが多い
    ……スピードが必要
⑤ 採点ポイント
  1）具体的なエピソードで語れるか
    → ×　抽象的な言葉を並べるだけ
  2）ポイントがわかりやすいか
    → ×　ポイントが不明……最初に結論を書く！
    採点者は山のような作文を短時間で読んで評価しなければならないので、最初がわかりにくいともう読んでもらえない
  3）表記ミスなどをしていないか

　以上の記述にそって就職試験のための作文の特色を理解した後に、「業種別過去問題例」の中から一つの企業を選んで制限時間内に作文を書く練習をする。注意点のところに書いてあるが、就職試験の場合60分という短い時間でかなり長い文章を書かなければならないので、制限時間内に書けるということが重要なポイントになる。

第 **3** 章

作った後で

はじめに

　第2章では二つの教科書『日本語中級表現』と『日本語1』の作成と指導について述べてきた。しかし、教科書を作っただけではその教科書を使用するクラスにおける授業の統一を目指すことはできない。その教科書を使ってどのように授業を展開するか、また活動後のフィードバック・評価をどうするかの授業運営全体を示さなければ、到達目標を達成することはできない。

　そこで、本章では筆者自身が作った教科書を使って1学期間をどのように運営していくかという実例をもとに、『日本語中級表現』の使い方を具体的に提示する。そのうえで、教科書を使って指導した結果の評価・フィードバックの方法について「作文」指導を中心に考えてみたい。

第1節 『日本語中級表現』を作った後で

1. 授業運営の実際について

　『日本語中級表現』を使用した表現授業は90分1コマ授業を週に3コマ・15週実施することが原則である。2コマは連続で実施し、主に口頭表現を中心とする活動をおこない、それ以外の1コマは文章表現を中心とする活動に充てる。指導スケジュール例を下に挙げる。これは東海大学出版会のホームページ[12]で公開している例である。

　☆は文章表現に関する指導のコマで、クラスによってどこかの曜日に1コマ程度入れる。☆の内容が1コマで済むか、2コマかけなければならないかは各クラスの学習者の日本語能力などの事情によって異なる。

【表2】『日本語中級表現』指導スケジュール例

	1コマ	2コマ
☆1	日本語の文章の書き方　p.3〜6　要約文の書き方　基礎練習　p.9〜13	
1	口頭要約発表のやり方　基礎練習　p.17〜20	「電車の中の日本人」　p.22〜23　録音と評価
☆2	文章の構成を考える　p.14〜18	
2	「日本人とスポーツ」読解・メモ作成　p.22〜23	「日本人とスポーツ」録音・ＦＢ[13]　→終了者「牛乳の消費」p.26〜28
☆3	速読要約練習	
3	口頭試験準備　p.24〜25　メモの作成・練習	第1回口頭試験／○○課テスト（合同）

注）
[12] 東海大学出版会ホームページ　http://www.press.tokai.ac.jp/
[13] 「フィードバック」のこと

☆4	グラフ解説基礎練習　p.31～36 口頭試験ＦＢ	
4	グラフ解説の口頭表現　p.37～40 3枚のグラフを使ったグループ発表準備	グループ発表
☆5	グラフ解説文まとめ 発表内容の文章化　p.41～43	
5	プレゼンテーションとは何か 　　　　　　　　p.44～49 インタビューの準備 （日本人学生参加）	インタビュー（留学生同士・合同）
☆6	プレゼンテーション準備チェック	
6	プレゼンテーション準備 　　　　　　　　p.50～57 評価のし方について （「人の発表を聞く」）	第1回プレゼンテーション
☆7	プレゼンの結果の文章化① 　　　　　　　　p.58～60 インタビューの準備（日本人）	
7	口頭試験準備　　p.24～25 メモの作成・練習	第2回口頭試験／○○課テスト（合同）
☆8	口頭試験ＦＢ	
8	プレゼンテーション準備 ・予行練習	第2回プレゼンテーション
☆9	プレゼンの結果の文章化② 　　　　　　　　p.58～60	
9	意見表明のための練習　p.63～65	過去のスピーチコンテストの視聴 スピーチの準備　p.72～73

☆10	スピーチ原稿の書き方 　　　　　　p.66, 72～74	
10	中級スピーチコンテスト予選 スピーチの評価　　p.75	中級スピーチコンテスト
☆11	手紙の書き方・はがきの書き方・ メールの書き方	
11	ディベート練習　　p.76～80	ディベート練習
☆12	パラグラフ・ライティング 　　　　　　p.67～71	
12	ディベート準備　p.81～p.82 フローシートの作成・評価 　　　　　　p.83～84	第1回ディベート
☆13	ディベートのテーマの文章化①	
13	口頭試験準備　　p.24～25 メモの作成・練習	第3回口頭試験/○○課テスト（合同）
☆14	ディベート準備：ディベート用資 料読解→　使用語彙の確認	
14	フローシートの作成　p.83～84 →　読解・語彙確認	第2回ディベート
☆15	ミニレポートの書き方　p.85～86 ディベートのテーマの文章化②	
15	定期試験	

　口頭表現に関しては1～2コマ連続であることが望ましい。準備に1コマ、発表に1コマかかる活動が多く、準備と発表は連続していたほうが効率的である。それほど多く時間をかけられない場合、二つを別の日に実施することも可能だが、口頭要約試験とプレゼンテーションだけは連続して実施したほうがよい。また口頭表現の時間は中級クラス全体で活動することがあるので、

口頭表現のコマは中級のすべてのクラスの曜日・時限をそろえる必要がある。

文章表現活動は口頭表現の前後に1コマか2コマ配置する。表2では☆の付された部分である。文章表現はクラス合同でする活動はないので、クラスごとにどこかの曜日・時限に週1回程度実施する。場合によっては週2回になるときもある。

毎学期、祝祭日や学校行事の都合でこのスケジュールどおりに授業ができるとは限らない。中級表現の責任者は学期ごとにこのスケジュールを調整する必要がある。

2. 評価とフィードバックについて

教科書どおりに授業を進めたからといって学習者の能力が確実に上がるわけではない。確実に表現能力を上げたいと考えた場合、活動後に適切なフィードバックをおこなわなければならない。特に作文の場合は、フィードバックの後に学習者が書き直して再提出することが多いため、書き直す箇所がはっきりわかると同時に、書き直す動機づけを持たせるフィードバックであることが望ましい。たとえば、書き直して提出することが評価にどう関係してくるかが学習者に明確に提示されていると、学習者の強い動機づけになる。

▶1　全体の評価基準について

学期初めに学習者に評価項目・評価方法を開示することは多くの学校でおこなわれている。表現の授業は文章表現指導と口頭表現指導が一体となって実施されるが、評価は別々に出す方が望ましい。文章表現が得意な学習者もいれば、口頭表現が得意な学習者もいるからである。

そこで、「文章表現」と「口頭表現」はどのような評価項目・方法・基準で成績を出すかを開講時に学習者に説明しなければならない。以下の割合で点数をつけるが、個々の細かい比率はクラスの担当教師の判断に任されているので、毎学期異なることもある。例として2008年度秋学期4クラスの場合を次頁に示す。

【表3】表現に関する評価項目とその割合

	要約	プレゼンテーション	その他	定期試験
文章表現	各課要約20%	プレゼンテーションの文章化 20%	平常点* 20%	40%
口頭表現	要約試験30% 10%×3回	プレゼンテーション 20%	スピーチ 10% 機能会話10%	30%

文章表現の平常点＊：ディベートの文章化・スピーチ原稿・他の課題の提出状況

　口頭表現に関しては2010年度から機能会話のシラバスが整備され、会話表現指導が表現の時間とは別に実施されるようになった。その結果、機能会話の評価が10％加味されるようになり、その分定期試験の比率が30％になった。この機能会話は『日本語中級表現』のテキストとは別に「依頼・謝罪」などの機能・場面ごとの会話表現を習得する。

　文章表現の最終課題「ディベートの文章化」は学期末に当たることもあって書く指導まで時間が取れない場合が多い。そのため評価全体に占める割合は低く、ふだんの課題の提出率やスピーチ原稿だけで評価することもある。

　最終的な評価はS・A・B・C・Eの5段階評価で出すが、活動ごとの評価は3段階評価で出している。それは活動ごとの評価は学習者に「改善を促すことが主眼」の評価だからである。細かい部分まで到達したかしないかを見極めるのではなく、基準に達したかどうかが学習者にわかりやすく書かれている方がよいと考えた。基本的な評価基準は「よくできている・まあまあ（基準には達した）・あとちょっと（基準に達していない）」の三つである。多くの場合、到達目標がはっきりしているので、「できた／できなかった」の二つの評価でもよいのだが、基準に達した学習者がさらに上を目指すために「よくできている」の評価を付け加えた。

　5段階評価は全体の評価としては差別化ができてよいが、ただ評価票を配っただけで学習者にその違いを実感させるのは難しい。渡された評価票を見て清書する時に、学習者はどの部分を直せばよいのか、自分はどの点がうまくできなかったのかの概略がわかればよい。したがって5段階ほど細かくする必要はなく、3段階評価にしたほうがよいと考えた。

　また、評価する側からいうと、評価基準が細かくなればなるほど、どちら

の評価にすべきか悩むことが多くなる。特に境界線上の判断が難しい。3段階であればあまり悩むことなく直感だけで評価してもそうずれることはない。細かいことは添削された作文のコメントを見ればよい。

▶2 要約文の評価とフィードバック

❶要約文の評価

　前述の「各課の要約20％」分を実際にはどのように算出しているか。方法は年度によって異なることもあるが、一番簡単な方法は提出率をそのまま点数に換算することである。つまり、課題を全部出した学習者は20点分をもらえることになる。

　しかし、それでは本文を切り貼りしただけの要約を出しても、工夫してうまくまとめても同じ点になるので、教師側に指導する余裕があれば下記の評価票をつけて返却し、再提出してきた課題のできによって点数を変える。

【表4】［要約文の評価票］例

チェック項目	あとちょっと（1点）	まあまあ（2点）	よくできている（3点）
表現	本文をそのまま写している	本文の言葉をあまり使わないでできる	自分の言葉で説明できている
内容	必要なポイントが不足	必要なポイントがある	必要なポイントがありまとめ方がうまい

　中級における要約文指導の到達目標は本文の切り貼りをせずに自分の言葉で文章の要旨をまとめることである。したがってチェックポイントは表現項目では「本文を写さない」、内容は「中心となるポイントが挙げられる」の2点である。その2点に焦点を絞って作成した評価票が上記の票となる。

　表現の「まあまあ：本文の言葉をあまり使わないでできる」と「よくできている：自分の言葉で説明できている」の差は本文そのままの表現が少し残っている場合は2点で、すべての文が自分の言葉で説明できている場合は3点と考える。

学習者に返却する評価票を作成する際に注意したことは、書かれている内容が初級終了程度の学習者にも理解できるかという点である。「まあまあ」のように表現としては正確さに欠け、評価するための語としてあまり使われないものであっても、学習者にわかりやすいことを第一に考えて作った。

❷要約文のフィードバック
　最初におこなう速読要約のフィードバックに関しては第2章「第2節2.
▶3「Ⅰ.要約文の書き方」の作成と指導　❸短い文章の要約練習：量をこなす練習」(p.65) で述べたので、ここでは、宿題として提出される教科書本文の要約課題のフィードバック方法についてさらにくわしく述べる。
　まず、前述の評価票をもとに採点し、問題となる箇所（特に本文を写しているところ）に線を引いて返却する。2点以下だったものは再提出とする。つまり本文を写していたり、内容が不足していたりする場合はもう一度書き直さなければならない。合格して初めてその課の分の点数がもらえるが、書き直した場合ははじめから合格した人より低い点になる。
　要約という観点では合格しているが、教科書の文を写さずに自分で考えて書いたために文法的な間違いが多い要約文の場合は清書を課す。最後に優れた学習者の模範例を配布して、どの点がよかったかを説明したり、学習者たちにどこがよいか意見を出させたりする。最初のうちは教師が主導してどの点がよかったかを説明するが、要約に対する理解が深まると学習者から正解が出るようになる。課題提出後のフィードバックを続けていくことで、要約文の技術を1学期間かけて定着させることができる。
　すべての課の要約課題に上記のような指導をしていると時間がかかる場合は、最初のうちだけでも少し丁寧にフィードバックし、要約文を書くためにはどのような点に注意したらよいかを理解させる。その後は、評価票は省略して、問題のある部分に線を引いて返却し、後日再提出させるだけでもよい。学習者の書いた模範例の提示は毎回実施すると励みになるので、初回はうまくできなかったが、後でできるようになった学習者の文を積極的に取り上げる。

▶3 グラフ解説文の評価とフィードバック

❶グラフ解説文の評価

　グラフ解説文の評価は「プレゼンテーションの文章化」のレポートで出すことになっている。しかし、評価対象にはしないが、以下の文章も作成する。
　　ⅰ.「グラフ解説基礎練習」で教科書に出ている問題のグラフ解説文
　　ⅱ.3枚のグラフを使ったグループ発表の報告文
　　ⅲ.1回目のプレゼンテーションの文章化
　中級におけるグラフ解説文指導の到達目標は、序論・本論・結論の構成を持った5段落以上の文章を書くことにある。その目標にそった評価項目を中心に作成した「グラフ解説文の評価票」を以下に示す。

【表5】[グラフ解説文の評価票]例

表現・構成			
チェック項目	あとちょっと（1点）	まあまあ（2点）	よくできている（3点）
1 表記	かな表記が多い・表記ミスが目立つ	既習の漢字を使うことができる	積極的に漢字を使おうとしている
2 文法	ミスが目立ち、読みにくいところがある	ミスはあるが読んでわかる	ほとんど問題ない・中級表現が使える
3 グラフ解説表現	初級レベルの言い方しかしていない	中級で学んだ言い方ができている	工夫した表現ができている
4 接続	接続表現があまりない	接続表現が使える	中級レベルの接続表現が使える
5 段落構成	段落分けがあまりされていない	段落はだいたいできている	できている

内容			
チェック項目	あとちょっと（1点）	まあまあ（2点）	よくできている（3点）
1 序論	序論で書くべきことが不足している	序論で書くべきことがだいたい書けている	序論がわかりやすく、よくできている
2 本論 ①グラフ解説	グラフの説明があまりできていない	グラフの説明はできているが、ポイントがわかりにくい	グラフの説明がわかりやすく、よくできている
②考察	どうしてそうなったかという考察がない	考察が少しあるが、不足	よくできている
3 まとめ	まとめの部分がない	まとめはあるが、不足	よくできている

　シラバスのレベル別教育目標で掲げた「接続詞・代名詞・くりかえしなどを使って文と文の連接ができる」、「連用中止法を適切に使うことができる」、「適切な箇所でその内容に合った漢語表現が使える」ができているかどうかは、800字程度の分量があるグラフ解説文では詳細に検討することができる。そのために「表現・構成」の評価ポイントに「1 表記」、「2 文法」、「4 接続」が入っている。

❷グラフ解説文のフィードバック

　上記の評価票を使ってフィードバックするのは、1回目の留学生へのアンケート結果の発表を文章化する時である。そこで提出された文章を添削し、それにこの評価票をつけて学習者に返す。たとえば、「2 本論　①グラフ解説」の評価のところで「まあまあ：グラフの説明はできているが、ポイントがわかりにくい」というところにチェックを入れ、返却する文章の方にはわかりにくい箇所の指摘をしておく。清書して再提出する場合はその部分を直して出せば問題点が改善されることになる。

　この評価票を1回目の文章化の時に使用するのは、グラフ解説文での到達目標を理解させ、実際の評価対象となる2回目の報告レポートを書く時に生

かしてもらうためである。1回目に評価されて戻ってきたグラフ解説文を参考にして2回目のレポートを書くので、学習者は評価項目を意識しながら1回目で直された箇所に注意して文章を作成してくる。

▶4 意見表明文の評価とフィードバック

❶意見表明文の評価

意見表明文はディベート活動をもとに自分の意見をまとめる練習である。中級における意見表明文指導の到達目標は序論・本論・結論の構成を持った5段落以上の文章を書くことと、二つの論点を比較して自分の意見をまとめることにある。

【表6】[意見表明文の評価票]例

チェック項目	あとちょっと（1点）	まあまあ（2点）	よくできている（3点）
表現・構成			
1 表記	かな表記が多い・表記ミスが目立つ	既習の漢字を使うことができる	積極的に漢字を使おうとしている
2 文法	ミスが目立ち、読みにくいところがある	ミスはあるが、読んでわかる	ほとんど問題ない・中級表現が使える
3 意見表明表現	初級レベルの言い方しかしていない	中級で学んだ言い方ができている	工夫した表現ができている
4 理由の説明	初級レベルの言い方しかしていない	中級で学んだ言い方ができている	工夫した表現ができている
5 接続	接続表現があまりない	接続表現が使える	中級レベルの接続表現が使える
6 段落構成	段落分けがあまりされていない	段落はだいたいできている	できている

内容			
1 序論	序論で書くべきことが不足している	序論で書くべきことがだいたい書けている	序論がよくできている
2 本論 ①論点の比較	説明・比較ができていない／不足	説明・比較はできているが、ポイントがわかりにくい	説明・比較がわかりやすい
②考察	具体的な理由を挙げた考察がない	理由を挙げた考察はあるが不足	よくできている
3 まとめ	まとめの部分がない	まとめはあるが、不足	よくできている

　評価ポイントの中心となるのは、上記「表現・構成：3意見表明表現・4理由の説明」と「内容：2本論　①論点の比較・②考察」である。二つの論点の説明ができているか、論点の比較がわかりやすいか、理由を挙げながら意見表明ができているかについて3段階で評価する。

❷意見表明文のフィードバック

　グラフ解説文と同様に「第1回目のディベートの文章化」で提出された文章に対して、上記の評価票を用いたフィードバックをおこなう。特に論点の比較と意見表明の表現ができているかどうかをチェックする。

　もし時間があれば2回目のディベートの文章化を宿題などで提出させ、全体の評価に入れる。評価票を用いた細かいフィードバックをする時間的余裕がないので、実際は2回目の文章は返却するだけで終わってしまうことが多い。

3. 試験について

▶1　文章表現の定期試験：グラフ解説文・要約文

　表現の定期試験では授業で指導してきた内容を確認するために、グラフ解

説を文章表現で課した場合、口頭試験では要約文を、反対に要約を文章表現で課した場合は口頭試験でグラフ解説をさせることにしている。それぞれ説明させた後で、自分の意見を述べる形式なので、Unit 3 の意見表明表現はどちらの試験でも課される。

　文章表現の定期試験で実施するグラフ解説文のテストは、1枚のグラフを見てグラフ解説文を書き、最後に自分の意見を書くというものである。グラフからわかる事実文を、学習した文型を使って書けるか、グラフからわかった事実についての原因分析が論理的に書かれているか、また、最後に自分の意見を書く部分では Unit 3 の「意見表明」で学習したことが生かせているか、構成はきちんとできているかについて評価基準にしたがって点数を出す。評価票は本節「2．評価とフィードバック」で紹介したものを使用する。

　文章表現テストとして要約文を書かせる場合は、1,000 字〜 1,200 字程度の長さの文章を初見で読ませ、それをまず 200 字程度に要約させる。それから、読んだ文章の内容について自分の意見を述べるという形式でおこなう。後半は Unit 3 で学んだ意見文の書き方ができているかどうかを見るという点ではグラフ解説文の場合と同様である。

　文章表現の定期試験では電子辞書の持ち込みを認めており、また希望者はパソコンで原稿を作成することもできる。インターネットの使用は許可していない。

▶2　文章表現テストに辞書の持ち込みを許可する理由

　初級レベルであれば辞書を引かずに自分の力で文章を書くべきであろう。しかし、中級レベルではどうであろうか。中級の最終試験といえば学習者のレベルはほぼ上級に近づいている。試験で扱うテーマや表現したい内容もかなり高度で難解なものになっている。使用語彙では文体レベルが合わず、できたら理解語彙を使った方が表現としては適切である場合も出てくる。特に中級では「である体」で書くことが要求されるので、語彙はなおさら抽象的なものを選ぶ必要性が高まる。

　そこで中級最後の文章表現の試験では辞書の持ち込みを認めている。中級以上の学習者が実際に文章を書く場合、辞書を引かないで文章を書くことは

あまり考えられない。辞書なしで外国語の文章を書くとすれば、簡単な挨拶文ぐらいである。そこに何かコメントを付け加えようとすると、辞書で確認する場合が出てくる。

　最終的に問われる外国語の文章表現力とは、辞書を駆使しながら自分が表現したい内容をどれだけ正しく書けるかではないだろうか。宿題として課した活動を考えてみても、試験だけ辞書を引かずに文章を書くというのも不自然である。以上のことから中級表現試験では辞書持ち込み可としている。

▶3　文章表現テストにパソコンの使用を許可する理由

　文章表現テストの場合、最近はパソコンを持ち込むことも許可している。手書きの学習者も電子辞書や表現の教科書などを見てよいので、パソコンを使うことによる不公平は生じない。事前に調査して、希望者は自分のパソコンを持ってくることができる。もし手持ちのコンピュータがない場合は、試験の時に貸し出すことにしている。教師は電源確保のための延長コードをいくつか持っていく必要がある。

　中級後半から上級にさしかかった学習者を見ると、言語能力は高いのに、筆記能力が、特に速さの点で十分ではないというアンバランスな場合がある。現代はパソコンで文字を打つ時代になっていて、母語話者である日本人でも手書きで文章を書く機会が減っている。外国人の場合、文字を手書きするのに時間がかかることが多い。それは特に非漢字圏の学習者に多い。

　その点を考慮して、パソコンで試験を受けたい学習者には自分のものを持参して使わせるか、もしくは学校のものを貸し出すことにした。試験場で作成したパソコンの中にある文章は、教師が用意したUSBメモリに移して提出する。教師はそれを印刷して、ほかの手書きの答案と同様に採点する。

　2011年現在の最終試験受験者のパソコン使用状況は5割程度である。中国からの留学生の多くは手書きを希望する。漢字を書くことに抵抗がないためであろう。非漢字圏の学習者はほぼ全員が自分のパソコンを持ってくる。パソコン使用を認めた2000年代はじめごろ、韓国の学習者の多くは手書きであったが、最近は自分のパソコンで書くことを希望するようになった。彼らはおそらく漢字を書くスピードは欧米系の学習者に比べてそれほど遅いわ

けではないと思われるが、考えたことを言語化するスピードが手書きより合っているパソコンでの作文作業は思考を助ける手段であるともいえる。それだけパソコンが身近な筆記道具になっている証拠なのかもしれない。

　学習者にとってパソコンで書ける意義は大きい。ドイツ・ロシア・タイなどの学習者は、手書きの場合現在書いている文章の半分の量を書くのも難しいのではないかと思われる。パソコンの使用を認めた後では長い文章を提出してくるようになった。

　中国の学習者は、パソコンのリテラシーが不足しているために手書きを選んでいるのか、どちらでも同じだと考えて手書きを選んでいるのかよくわからない。台湾の学習者は手書きの方を好むようで、リテラシーが高い場合でもあまりパソコンを使用しない。今まで試験をしてきた例だけでは確かなことはいえないが、今後はパソコンと手書きの差が文章表現力にどのように関わるのか考えてみたい。

　文章表現力の養成という観点でいうと、短い時間でまとまった文章を手で書くという能力が必要になる場合もある。しかし、この能力が実際に必要になるのは大学進学者に限られるといってよく、多くの学習者にとっては縁がない能力である。だとすればこの手書きの筆記能力に関しては、必要な学習者が練習する機会が別にあればよい。それを理由に多くの手書きの能力を必要としない学習者にまで手書きテストを強いることは、教育的ではないだろう。

　中級後半から上級以上の学習者に共通して必要となるのは、やはり辞書を駆使してパソコンで書くことができる文章表現力なのではないだろうか。これは学習者の進路に関わらず基本となる力である。中級では文章を書く量も到達目標の一つなので、学習者が目標を達成しやすい手段を工夫する必要がある。

　今後コンピュータ・リテラシーを身につけることが必須となり、日本人学生も手書きで書く機会がますます減って、筆記試験もパソコンに向かっておこなうことが当たり前になる日が来るかもしれない。現在 TOFEL などでおこなわれているようなパソコンに向かって受ける試験が未来の姿といえなくもない。

　そして、何と言っても教師にとってこの方法のよい点として、判読の難しい悪筆を読まされる苦行から解放されることを付け加えておきたい。

第2節　『日本語1』を作った後で

1. 授業運営の実際について

　学部の授業である「日本語1」の授業スケジュールは以下のとおりである。これは毎学期公開する「日本語1シラバス」に掲載されているものである[14]。

【教材例—64】

```
1. 授業ガイダンス・説明スピーチ：
            ひと味違った自己紹介＋Can Do リスト
2. 表記の規則・文体の問題：自己紹介文
   要約発表について・ミニレポート提出についての説明
3. レポートの書き方Ⅰ「事実文と意見文」・「注とは何か」「文の要約」：
            要約練習
   ＊口頭発表用文章提出→決定
4. レジュメの作り方：発表用文章を使ってレジュメの一部を作る練習
5. レポートの書き方Ⅱ「レポートの構成・アウトラインの作り方」：
            アウトライン練習・序論の書き方
6. レポートの書き方Ⅲ「注と引用」：
            引用練習／要約発表用レジュメチェック
7. 要約発表①・発表フィードバック：要約発表
8. 要約発表②・発表フィードバック：要約発表
9. 要約発表③・発表フィードバック：要約発表
   「レポート提出前にチェックすること」説明・チェックシート配布
10. レポートの書き方Ⅳ「注と引用」2回目解説
    ミニレポート提出・レポート相互評価
    プレゼンテーション・最終レポート要項発表：
            自分たちの例検討・クラスメート／他のレポート評価
```

注）
[14] 東海大学の学生のみがアクセスできるポータルサイトに毎学期アップされる

11. グラフ解説文　　：グラフ解説文
12. プレゼンテーションのやり方Ⅰ：場面発表
　　プレゼンテーションの構成・パワーポイントの作り方・使い方
13. プレゼンテーションのやり方Ⅱ：提示の練習
　　発表のし方・発表後の質問とそれに対する答え方
14. 手紙の書き方総復習Ⅰ：手紙文練習
　　準備状況チェック（第1回資料提出）
15. 手紙の書き方総復習Ⅱ　はがきの書き方・メールの書き方：
　　　　　　はがき・メール文練習
16. プレゼンテーション発表①・フィードバック：発表
17. プレゼンテーション発表②・フィードバック：発表
18. プレゼンテーション発表③・フィードバック：発表
19. プレゼンテーション発表④・フィードバック：発表
20. スピーチの種類「説明スピーチと意見スピーチ」：即席スピーチ
　　スピーチの構成・スピーチ原稿の書き方
21. 討論とは・ミニ討論：討論の練習①
22. 討論の体験・グループ別討論演習：討論の練習②
23. クラス内スピーチコンテスト：スピーチ
24. 最終レポート提出・相互評価：人のレポート評価①
25. 就活のための日本語表現①：エントリーシートの書き方
26. 就活のための日本語表現②：面接練習
27. 就活のための日本語表現③：就職用論作文
28. まとめ：Can Doリスト確認

　授業スケジュールを見ると、口頭発表とレポート指導の関係がより明確になる。
　また、成績基準はシラバスに次の【教材例―㉟】のように明記されている。

【教材例―㉟】

> 1）2回の発表・レポートのテーマを決め、図書館・インターネットなどで情報を集め、その結果をまとめることができる。……平常の出席状況・提出物で評価する。5％
> 2）大学でのレポート作成のための注意点が理解でき、レポートが作成できる。40％
> 3）通信文をＴＰＯに合わせて出すことができる。5％
> 4）大学でのゼミ発表のための注意点が理解でき、発表ができる。40％
> 5）スピーチ・ディスカッションなどの表現活動ができる。10％

　文章表現50％分の配点をさらに細かく見ると、ミニレポート10％・最終レポート30％・手紙文5％・平常の出席状況5％となっている。

2. レポートの評価とフィードバックについて

　「日本語1」の文章表現における到達目標は、レポートと手紙が書けるようになることである。ここでは特にレポートの評価40点分についてどのように評価し、フィードバックしているか述べていく。
　同じレポートの評価といっても、ミニレポート10点分と最終レポート30点分では評価基準が異なる。

▶1　ミニレポートの評価とフィードバック

　ミニレポートを書かせる目的は、レポートの形式の習得で、第2章第3節「上級用アカデミック・ジャパニーズ表現教材を作る」（p.134 〜）でも述べたように、以下の4条件をそろえた2,000字以上のレポートが書けることにある。

【教材例―66】レポート作成の条件

> 条件1：資料は二つ以上使うこと
> 条件2：間接引用・直接引用の形式を事実を紹介する時それぞれ必ず1回以上使うこと
> 条件3：引用の部分には必ず注をつけること（脚注機能を使う）
> 条件4：参考文献（二つ以上）をつけること

また、評価基準は以下のとおりである。

【教材例―67】ミニレポートの評価基準

> 10点（満点）：1回で条件をクリアできた。
> 9点　　　　：注意点を指摘したレポートを返却し、2回目の提出で注意点をすべて直すことができた。
> 8点　　　　：再度注意点を指摘したレポートを返却し、3回目の提出ですべて直すことができた。
> 以下添削回数が増えるにしたがって、1点ずつ減点されていく。

　ここではレポートの内容は問わない。1回目のミニレポートでは形式を習得できたかどうかのみを評価基準とする。
　フィードバックは上記の四つの条件を中心とし、文法・語彙などの間違いは訂正するが評価項目には入れない。上級になると、文法や語彙の間違いは事前に日本人のチェックを受けてくる学習者もいる。また、授業で指導しているのはレポートの書き方なので、レポートの書き方のみを評価・フィードバックの対象とする。
　多くの場合、条件2と3の「注と引用」がうまくできないために再提出となる。注が不足している場合と本文をそのまま写してしまう場合が多い。本文を写している文章は自分で書き直して要約引用の形にし、注をつけるよう指導する。注が不足している場合は具体的な箇所を示してそこに注を入れるようにレポートに書き込む。
　脚注機能が使えない学習者には実際にパソコンを使いながら、どのような操作をすれば脚注機能が使えるようになるかを実習させる。このように提出

されたレポートが条件を満たすまで再提出をくりかえす。

▶2 最終レポートの評価とフィードバック

　ミニレポートの評価は形式のみを対象としているため基準が明確で、担当者間で大きな問題は生じない。しかし、最終レポートの指導・評価に関しては2011年時点ではまだ検討中の課題が残っている。
　最終レポートを書かせる目的として以下の2点が考えられる。
　　a．ミニレポートで学んだレポートの形式が身に付いたかどうかの確認。
　　b．独自の問題設定に基づいたレポートの作成。
　ミニレポートの基準であるaだけではなく、最終レポートにはさらにbが加わる。しかし、bのための指導がおこなわれているかといえば、具体的な教材を使ってクラスで指導しているわけではない。どのようなレポートを書けば「独自の問題設定に基づいたレポート」といえるのかという指導をして初めて、問題設定の立て方を評価対象にすることができる。そこで、改訂版の教科書には「よりよいレポートを目指す」ための資料として過去にS・A・B評価をとった学習者のレポートを載せることにした。
　最終レポートにおけるS（すばらしい）・A（目標達成）・B（ふつう・もう少し努力が必要）・C（改善が必要）の評価基準[15]は現在のところ下記のとおりである。

A・S評価：独自の問題設定をもとに論を展開することができる
B評価：レポートの形式ができる・調べた内容をほぼ自分の言葉でまとめる
　　　　ことができる
C評価：レポートの形式がいくつか不足・調べた内容がほぼ資料そのままで
　　　　ある

　ミニレポートの満点が最終レポートではBになる。しかし、形式ができただけでは最終レポートではB以上の評価にならない。BとCの違いは形式以

注〉
[15] この評価基準の立て方は東海大学共通の基準である

外にも、内容を自分の言葉でまとめられたかという観点が加わる。

　B以上のレポートに求められるものは「独自の問題設定」である。たとえば「韓国のサッカーの現状について調べてみた」や「韓国とヨーロッパのサッカーの現状を知りたいと考えた」と問題提起し、調べたことをまとめたレポートはどんなに詳細に調べたとしてもB以上の評価を出すことはできない。一方、「韓国と日本と米国におけるバスケットボール人気を比較し、その理由を考えてみた」という問題提起はただ現状を調べるだけでなく、そこから「どうして韓国と日本では米国ほど人気がないのか」という独自の問題設定をし、その理由について考察している。この視点がA・Sのレポートには不可欠となる。

　では、AとSを分けるポイントは何か、両者を分ける基準も学習者にわかるように提示しておかなければならない。

❶ 問題に対する自分なりの独自の答えが「まとめ」にある。
❷ 問題設定をしぼっている。
❸ 問題設定がぶれない。
❹ 論証するための資料を複数使用している。
❺ 論理展開に無理がない（論理展開が納得できる）。

　AとSを分ける基準は現在検討中で、今のところ上記5点を提示する予定である。またそれとともにS・A・Bの学生のレポート例をそれぞれ掲載し、その例を見ながらどうしてその評価になったか、どのように改善したらさらに上の評価を得ることができるかを具体的に解説する。

【教材例—❸】「А評価のレポート」序論の例

> 4Rは誰の責任
>
> 1．はじめに
> 　現在、ゴミの増加とともに、温暖化などの環境問題がたくさん出てきた。そして、その影響で自分たちの健康に害を与えるおそれがあることが明らかになった。『ニューアプローチ中上級日本語』の筆者は三つのRという有名なゴミの増加の問題の解決方法を紹介した。また、四つ目のRを紹介し、消費者がゴミを減らす役割を示していた。
> 　そこで、本稿では具体的にその四つのRを消費者側と生産者側に分けて考えてみた。消費者の私たちができることから始めよう。そしてできることを続けていければと思う。

　このレポートは序論を読むとわかるように、ゴミの解決案として提示される4Rについて消費者側の視点と生産者側の視点に分けて考えたところに独自の問題設定がある。その点でA以上のレポートと考えられる。本論では丁寧にいくつかの資料を使ってそれぞれの視点を説明していて特に大きな問題はない。

【教材例—❹】「А評価のレポート」まとめの例

> 3．まとめ
> 　自分たちが捨てたゴミで起こった環境問題が大きくならないように、また解決するように、努力しなければならない。4つのRの責任を分けたところで、やはり生産者側より、消費者側のほうが大きな役割を担っているように思える。そして自分たちはこの4Rを常に心がけ、ゴミ問題に対して、気を付けていくべきである。これからもよい環境に住むために、皆でこの環境を大事にしていかなければならないのだ。

　上記のまとめの部分を見ると、序論で立てた問題設定の答えを「四つのRの責任を分けたところで、やはり生産者側より、消費者側のほうが大きな役割を担っているように思える」と自分なりに結論づけている。しかし、内容に関しては参考文献として挙げた『ニューアプローチ中上級日本語』で紹介

された4Rに留まっていて、広がりがない。さらにもっと独自の提言を入れて5R、6Rを提示できていればSと評価されたであろう。

ではS評価のレポートとはどのようなものを想定しているか。

【教材例─⑳】「S評価のレポート」序論の例

> 日本の武道とオリンピック
> ～オリンピック種目入りの条件～
>
> 1. はじめに
>
> 　日本が誇る武道と呼ばれる競技の中には、代表的なものとして主に柔道・剣道・空手が挙げられる。今までに、筆者は保育園のころに剣道を、中学・高校の学校の体育の授業として柔道を、そして大学の体育科目で空手を、と主な三つの武道すべてを学ぶ機会があり、それぞれの競技についてある程度の技術と知識を身に付けてきた。実際に体験してみて、これら三つの競技にはそれぞれに魅力的な部分があり、とても強い興味を持つようになった。特にこの中で一番長い期間学んでいた柔道については、知識的な部分でも深く知ることができ、最も興味のあるスポーツの一つでもある。
>
> 　しかし、柔道の授業の中で、柔道の日本代表選手のオリンピックでの試合を見ているときに、柔道はオリンピック種目に選定されたが、柔道と同じくらい盛んな剣道・空手はなぜオリンピック種目になることができないのかという疑問が湧いてきた。そこで、今回は柔道と剣道・空手の違いを比較しながら、なぜ武道の中でも柔道だけがオリンピック種目として定着することができたのかということを明らかにしていきたい。

　このレポートは日本人学生が書いたものであるが、例としてわかりやすいので執筆者の了解を得て『日本語1』のテキストのS評価例に掲載する予定である。これは剣道・空手・柔道の現状について、「オリンピック種目になることができるかどうか」という視点から論点をしぼって検証しているレポートで、独自の問題設定という点でA以上の評価と考えられる。本論では「1）審判による判定の難しさ・2）流派統一と国際化の問題・3）武道が持つ古来の伝統が失われてしまう懸念」の3点から三つの競技を比較して考察している。

このＳ評価のレポートと前記Ａ評価のレポートの問題設定の立て方の違いは、Ｓ評価の方はいくつもある情報の中から「審判による判定の難しさ、流派統一と国際化、武道が持つ古来の伝統が失われてしまう懸念」の三つの項目を自分自身で考えてまとめた点である。Ａ評価のものは生産者と消費者という視点を入れた点に独自性があると評価できるが、論の展開に使う視点が参考文献にある４Ｒだけであるところが少し弱い。

【教材例—㋕】「Ｓ評価のレポート」まとめの例

> ３．まとめ
> 　上記で示したように、審判による判定の難しさ、流派統一と国際化、武道が持つ古来の伝統が失われてしまうことに対する批判という三つの理由により、剣道・空手はオリンピック種目になっていない。逆に言えば、これら３つの問題を乗り越えた柔道だけがオリンピック入りを果たすことができたということになる。
> 　武道というものは礼儀や作法を重んじているものであり、競技という考え方以上に伝統や心身のあり方を身に付けるものとして浸透してきたということが、オリンピック競技入りに反対する人たちがいるという点から考えてわかる。オリンピック種目になった方が世界中に広まり盛り上がるのでいいという意見が、一概に正しいとは言い切れないのではないか。

　また、まとめの部分を比較してみると、Ｓ評価のものはレポートを書いた執筆者の意見が、調べた結果を踏まえて展開されている点が評価できる。Ａ評価のレポートも最後にレポート執筆者の意見が書かれている点は評価できるが、一般論でまとめている点が問題設定の立て方同様に少し弱い。
　今まで述べてきたように具体的に書かれたレポートをもとに検討を重ねているが、ＡとＳをわかりやすく分ける基準はまだ確定しているとはいえない。評価は学習者にとってわかりやすい必要があり、事前に評価を開示してより上位の評価が得られるように指導して初めて、評価としての機能を発揮するのではないか。その点最終レポートに関する評価は開発途上にあるといえる。

第3節　教科書を作った後で

「教科書を作る」という仕事は試行版を作り、改訂を重ねて修正し、出版社に原稿を渡したら終わりではない。ここでは教科書の試行版ができた後で、実際にどのようなことが問題になるかについて『日本語中級表現』出版の際におこったことを中心に述べる。

1. 試用の際に決めておくこと

『日本語中級表現』の全 Unit がそろって一冊の仮製本された教科書として学習者に配布できるようになったのは 2006 年からであった。それまでは Unit ごとの試用版を使用していた。

仮製本で一冊にした時の問題点は改訂が遅れることである。一つの Unit をその都度配布していた時は、学期開始直前の印刷依頼で済むので、問題点があればすぐに書き直し、次の学期に生かすことができた。しかし、一冊に仮製本されると注文部数も 100 冊以上となり、作った本がなくなるまで 2 学期〜3 学期ぐらいは改訂ができないので、問題点を積み残したまま改訂できない状態になった。

作った教科書を使って試行を重ねていると、不備な点や直したい箇所はいつまでも出てくる。しかし、だからといっていつまでも直し続けているわけにもいかない。この教科書は 2006 年に試用版ができてから、2010 年の出版までの間に 8 回試用し、3 回改訂した。

試行から発行が長引いた経験からいうと、発行時期を最初から決め、試用は 3〜4 回程度で打ち切って出してしまうべきであると思う。直したいことはいつまでも出てきてしまう。やはり計画的にどこかで割り切る必要がある。

仮印刷の試行版を試用する際に大切なことは、試用前に発行計画を立て、試用回数をはじめから決めて使い始めるということである。手元に置いておけばおくほど嫁に出したくなくなる親の心境になる。長すぎた春にしないためにも、思い切りが肝心だと痛感している。

2. 模範解答・授業スケジュールの
　　Web サイトへの掲載

　試行の際に作文指導を実際におこなう担当者から正解についての質問をされた。筆者にとって特に問題はないと思えることでも、指導する立場の人にとっては、筆者の意図がどこにあるのかわかりかねて、解答を複雑に考えすぎてしまうことがあるということを知り、すべての問題に模範解答例をつけることにした。

　しかし教材作成者が模範解答を出してしまうと答えは一つに決まってしまい、それは教育者の考えを縛ってしまう恐れがある。文学や言語の場合、理系の科目と違って答えはさまざまにあってよい。教材作成者が考える以上の答えを、指導する人や学習者が考えるかもしれない。

　模範解答例を見て自分で考えた答えを確認したいという姿勢は、学習者が書いたものを正解と違うからだめだと指導する姿勢に通じるような気がする。解答については学習者も指導者もともに考えて答えを出すというのが原則であろう。模範解答はその参考にすぎない。

　模範解答を本冊につけずに Web サイトでの公開にしたのは、この教科書は学習者が自習用に使うことを前提としていないためである。作文教材は、文法練習のように答えを見て正解を確認すれば済むわけではないので、学習者が簡単に目にすることができる同書の巻末や別冊ではなく、必要な人が参考にできるようサイト[16]で公開した。

　また、授業スケジュール例も公開して、教科書を使用する際の授業展開の参考に供することにした。

3. 出版に向けての作業

　出版原稿をそろえて提出した後、初校が上がり、再校を検討する頃、本の装丁について出版社から打診がある。こちらの希望を聞きながら、出版社がデザイナーに依頼して作成した見本がいくつか提示され、装丁を決める。

注〉
[16]　東海大学出版会ホームページ　http://www.press.tokai.ac.jp/

本の装丁はその本の印象を決めるものなので、決定までに紆余曲折がある例も聞く。単独で作っている場合は本人の判断で決定できるが、グループもしくは多人数での執筆の場合、関係者の意見を集約して結論を下さなければならない。しかも、人数が多ければ多いほど、仕上がってきたものに対する好悪の感情は千差万別で、あとあと禍根を残さないように注意しなければならない。

　他の教科書の責任編集をした時、執筆者が10余人いたので、表紙のデザインに関しては多数決で決めた。10人もの人数で作ると、その本に対する思い入れが薄まるためか、選ばれた結果についての異論は出なかった。

　出版社サイドとしては、見て派手な装丁の方が人目を引くからよいと考えるようだ。東海大学で出した『日本語初級』の教科書は改訂の際に地味なベージュ色から派手な黄色と青に変更された。表紙は、書棚に並んだ時に他の本と比べて目立つ必要性を考慮して選んだ方がよいのかもしれない。

4. 教科書作成後の残された課題について

　『日本語中級表現』作成後に残された課題と、現在取り組んでいることについて最後にまとめる。

　アカデミック・ジャパニーズを指導する前段階である中級における「表現」指導は、『日本語中級表現』を作成したことでほぼ固まったといえる。しかし、この中級レベルに至る前にどのような指導をしたらよいかという、初級レベルでの「表現」指導についての問題が残されている。アカデミック・ジャパニーズ表現習得の準備段階の入り口にあたる初級レベルでは学習者は何を習得しておいたらよいのか、全体シラバスを明確にすると同時に、教材開発をしていかなければならない。

　言語教育は一つのレベルが単独で存在しているわけではない。初級から中級・上級と連続していくものである。筆者の表現教材開発は中級・上級を終え、初級を残すのみとなった。本来言語学習は下から積み上げていくものなので、シラバス・教材も下から作っていく方がよいのかもしれない。文型・文法・語彙などを指導する言語学習の中心となる教材はそうでなければ言語能力は積み上がっていかない。

しかし、「表現」のような技能の場合、到達目標から考えて教材を作っていくことも可能なのではないか。そもそも表現教科書を作成しようと考えた動機は、学部学生に教えていて感じた「中級で学んできてほしいことがあるのに、中級までで何を習ってきたのだろう」という単純な疑問からであった。そこで現在は中級のすぐ下のクラスである「初中級」クラス向けの教材開発をおこなっている。

　また、「書く」技術を習得する前に、「書く」ための模範となる文章を「読む」ことが前提としてあることを痛感している。たとえばグラフ解説文指導をする際に、グラフ解説表現を作文の授業で初めて目にしたのでは、その文を理解して、それをさらに書く技術に高めるまでに時間がかかる。書く指導の前に何種類かのグラフ解説文を読むことに慣れていれば、書く指導に入る際に文章読解に時間をかける必要はなくなる。しかし、教科書以外の多種多様な文章を読む経験を積まずに中級で学ぶ学習者がほとんどなので、グラフ解説文の書き方指導の前に読ませる「グラフ解説文」のみを集めた中級用副読本の開発もおこなっている。「書く」指導を突きつめていくと、やはり「読む」ことに支えられていることに気づく。

　今まで述べてきたことは「書く」指導の目的をアカデミック・ジャパニーズの習得に限定した表現指導の一つの事例に過ぎない。これからの時代は情報発信の場が多様化し、仕事だけではなく楽しみや人とのつながりの中で表現することの重要性が増していくと思われる。それぞれの目的に合った新しい表現教材が開発されていくことが望まれる。

あとがき

　筆者自身は「書く」ことが好きで、小学校時代から小説のようなものを書いて遊んでいた。周囲にいるものたちが作文に四苦八苦する姿を見て、何に苦労しているのかよく理解できていなかった。スポーツのできる者が体育教師になって、運動のできない生徒の気持ちがわからないことに似ていたかもしれない。

　そんな人間が日本語教師になり、文を書くことが苦手だ、苦痛だという学習者に作文を指導することになった。それを痛感させられたのは学部学生にフィクションを書かせる課題をさせた時であった。その当時学部留学生向けの文章表現授業で「ある作家の生涯」という題名で文章を書かせる課題があった。自分の国の作家を一人想像して作り出し、その人物の生涯を説明する文章を書く。文章を書くことが好きだった筆者にはそれはおもしろそうな課題に思えた。

　しかし、実際に指導してみると、学習者の中には「想像」することが苦手な者がいて、彼らは実在の作家を調べて書きたいと希望してきた。「こんなものを書いても意味がない」と言われ、その問いをきっかけに「このフィクションを書かせることは彼らの学生生活のどのような場面に役に立つのか」ということを考えるようになった。その場では「長い文章を書けるようになることが大切である」と説明したが、その問いは長く自分自身の中に残った。

　それらの経験を踏まえて、「書く」指導を考える時には「書く」目的が明らかであること、そして、到達目標を達成するための段階を踏んだシラバスの必要性を重視するようになった。

　ここで示されている試みは「書く」指導の一例に過ぎず、様々な案が提示されている類書とは趣を大きく異にしている。すべての試みが最初から教科書に提示されているような完成された形があるわけではない。紆余曲折の部分を書いてほしいという依頼を受けて、今振り返ると完成形になる前の右往左往ぶりばかりを書いてきたような気がする。すべての教材開発にこのような混乱があり、それを経て教科書が生み出されていくことを知っていただければ幸いである。

◆参考文献

有元秀文(2001)「書くことの教育」『現代日本語講座 第二巻 表現』明治書院
安藤香織・田所真生子編(2002)『実践アカデミック・ディベート』ナカニシヤ出版
衣川隆夫(2000)「日本語を第二言語とする書き手の文章産出研究の枠組みの提案」『筑波大学留学生教育センター日本語教育論集』15号
衣川隆夫(2001)「文型・文法クラスの支援活動としての作文コースの在り方の検討」『筑波大学留学生教育センター日本語教育論集』16号
池尾スミ(1974)『教師用日本語教育ハンドブック① 文章表現』凡人社
池上彰(2007)『伝える力』ＰＨＰ研究所
池田玲子(1999)「ピア・レスポンスが可能にすること」『世界の日本語教育』9号 国際交流基金日本語事業部企画調整課
池田玲子・舘岡洋子(2007)『ピア・ラーニング入門』ひつじ書房
石田敏子(2007)『入門 書き方の指導法』アルク
石橋玲子(2001)「産出作文に対する教師のフィードバック―日本語学習者の認識と対応から」『拓殖大学日本語紀要』11号
市川孝(1978)『国語教育のための文章論概説』教育出版
井上章子(2001)『小論文の書き方』勉誠出版
井下千以子(2002)『高等教育における文章表現教育に関する研究』風間書房
入部明子(1996)『アメリカの表現教育とコンピュータ』教育出版センター
入部明子(1998)「国際化時代に通用する論理的な文章の書き方」『日本語学』17巻3号 明治書院
岩元一他(2003)『パラグラフ・ライティングからアカデミック・ライティングまで』東京精文館
宇佐美寛(2001)『国語教育は言語技術教育である』明治図書出版
卯城祐司編(2009)『英語リーディングの科学』研究社
内田治 (2005)『グラフ活用の技術』PHP研究所
大島弥生・大場理恵子・岩田夏穂編(2009)『日本語表現能力を育む授業のアイデア』ひつじ書房
岡崎眸・岡崎敏雄(2001)『日本語教育における学習の分析とデザイン』凡人社
学習技術研究会編著(2002)『知へのステップ』くろしお出版
鏑木かすみ(2005)「中高一貫校における『書く力』を育むカリキュラム試案」『私学研修』163・164号 私学研修福祉会
菊池康人(1987)「作文の評価方法についての一私案」『日本語教育』63号 日本語教育学会
菊池康人(1991)「対面テストと作文の出題と採点2」日本語教育学会編『日本語テストハンドブック』大修館書店
木戸光子(2000)「大学における文章表現教育の試み」『筑波大学留学生教育センター日本語教育論集』15号 筑波大学留学生教育センター
木下是雄(1981)『理科系の作文技術』中央公論社

木下是雄（1990）『レポートの組み立て方』筑摩書房

栗山次郎編著（1999）『理科系の日本語表現技法』朝倉書店

国際交流基金（2010）『国際交流基金　日本語教授法シリーズ 8　書くことを教える』ひつじ書房

小林昭江（1994）　金谷憲・谷口幸夫編『ライティングの指導』研究社

小松五郎編著（1991）『大学生の就職試験　小論文・作文の書き方』成美堂出版

小柳昇　（2002）『ニューアプローチ中上級日本語　完成編』語文研究社

齋藤孝（2004）『原稿用紙 10 枚を書く力』大和書房

坂口充史（2002）『論作文の奥義』一ツ橋書店

佐久間まゆみ（1989）『文章構造と要約文の諸相（日本語研究叢書（4））』くろしお出版

佐久間まゆみ（1994）『要約文の表現類型　日本語教育と国語教育のために』ひととことば研究会

佐久間まゆみ・杉戸清樹他編（1990）『ケーススタディ日本語の文章・談話』おうふう

佐久間まゆみ（1998）「作文力の養成法」『講座日本語と日本語教育　第 13 巻日本語教育教授法』明治書院

佐藤喜久雄（1994）『表現技術Ⅰ・Ⅱ・Ⅲ』創拓社

佐渡島沙織・吉野亜矢子（2008）『これから研究を書くひとのためのガイドブック』ひつじ書房

全国教室ディベート連盟編（2003）『中学／高校　はじめてのディベート授業』学事出版

髙田城（1992）『就職論作文の書き方・攻め方』二期出版

田中真理・坪根由香里・初鹿野阿れ（1998）「第二言語としての日本語における作文評価基準―日本語教師と一般日本人の比較」『日本語教育』96 号　日本語教育学会

長沼行太郎他（2003）『日本語表現のレッスン』教育出版

西谷まり（1994）「ミニ・ディベートと作文の合体授業の試み」『国際学友会日本語学校紀要』

日本学生支援機構　北原保雄監修（2009）『実践研究計画作成法　情報収集からプレゼンテーションまで』凡人社

橋内武（1995）『パラグラフ・ライティング入門』研究社出版

橋本修他編著（2008）『大学生のための日本語表現トレーニング』三省堂

平澤洋一（2009）『日本語表現法の研究　学習支援システムの構築と実践』武蔵野書院

本多勝一（1976）『日本語の作文技術』朝日新聞社

本多勝一（1981）『わかりやすい文章のために』すずさわ書店

松本茂（2001）『日本語ディベートの技法』七賓出版

村上治美（1994）「『道案内文』にあらわれる表現の諸相」『東海大学紀要　留学生教育センター』14 号　東海大学出版会

村上治美（1997）「グラフ解説文の諸相」『東海大学紀要　留学生教育センター』17 号　東海大学出版会

村上治美（2002）「手紙文指導の問題点について」『東海大学紀要　留学生教育センター』22 号　東海大学出版会

村上治美（2003）「別科における文章表現シラバス」『東海大学紀要　留学生教育センター』23 号　東海大学出版会

村上治美(2005)「書くことに焦点を当てた指導の理論と実践」『日本語教育法概論』東海大学出版会
茂呂雄二(1988)『なぜ人は書くのか』東京大学出版会
山本麻子(2010)『書く力が身につくイギリスの教育』岩波書店

◆参考教材

アカデミック・ジャパニーズ研究会編著(2001)『大学・大学院留学生の日本語②作文編』アルク
アカデミック・ジャパニーズ研究会編著(2002)『大学・大学院留学生の日本語④論文作成編』アルク
石黒圭(2004)『よくわかる文章表現の技術Ⅰ 表現・表記編』明治書院
石黒圭(2004)『よくわかる文章表現の技術Ⅱ 文章構成編』明治書院
石黒圭(2005)『よくわかる文章表現の技術Ⅲ 文法編』明治書院
石黒圭(2006)『よくわかる文章表現の技術Ⅳ 発想編』明治書院
石黒圭(2007)『よくわかる文章表現の技術Ⅴ 文法編』明治書院
大島弥生他(2005)『ピアで学ぶ大学生の日本語表現』ひつじ書房
門脇薫・西馬薫(1999)『みんなの日本語初級 やさしい作文』スリーエーネットワーク
斉山弥生・沖田弓子『研究発表の方法』産業能率大学出版部
佐々木瑞枝・細井和代・藤尾喜代子(2006)『大学で学ぶための日本語ライティング』ジャパンタイムズ
佐藤政光・田中幸子・戸村佳代・池上摩希子(2002)『表現テーマ別 にほんご作文』第三書房
C&P日本語教育・教材研究会編(1988)『日本語作文Ⅰ・Ⅱ』専門教育出版
C&P日本語教育・教材研究会編(1989)『絵入り日本語作文入門』専門教育出版
東海大学留学生教育センター口頭発表教材研究会(1995)『日本語口頭発表と討論の技術』東海大学出版会
東京外国語大学留学生日本語教育センター編著『初級日本語 作文練習帳』凡人社
二通信子・佐藤不二子(2003)『留学生のための論理的な文章の書き方』スリーエーネットワーク
浜田麻里・平尾得子・由井紀久子著(1997)『大学生と留学生のための論文ワークブック』くろしお出版
村上治美(2010)『日本語中級表現』東海大学出版会
簗晶子・大木理恵・小松由佳(2005)『日本語Eメールの書き方』ジャパンタイムズ
吉田妙子(2007)『たのしい日本語作文教室Ⅰ・Ⅱ』大新書局

◆索引

【あ】
アウトライン　31, 32, 60, 70, 73, 81, 99, 100, 113-115, 124, 125, 135, 139, 157-159, 185
アカデミック・ジャパニーズ　4, 5, 13, 14, 41-44, 49, 51, 121, 134, 137, 140, 196, 197
アンケート調査　102

【い】
意見表明　44, 48, 50, 121, 122, 172, 180-182
意見文　25, 29, 31, 32, 43, 48-50, 117, 121-125, 138, 140-143, 182, 185
インターネット　59, 66, 115, 130, 133, 155, 182, 187
インタビュー　43, 48, 101-109, 115, 116, 172
引用　27, 41, 42, 59, 132, 139-141, 156, 159, 160, 162, 185, 188

【え】
演習発表　47-49, 58-60, 69, 73, 83, 135
エントリーシート　16, 140, 141, 163, 164, 186

【か】
間接引用　156, 159, 162, 188

【き】
脚注　140, 156, 160, 162, 188
脚注機能　156, 160, 162, 188
儀礼的な手紙　16, 27, 135, 138, 146-148, 152

【く】
句点　53, 55
グラフ解説　25, 28, 44, 48-50, 84, 85-92, 95-100, 119, 121, 122, 138, 140, 146, 172, 178-182, 186, 197
グループワーク　98

【け】
原稿用紙　9, 54, 125

【こ】
構成　3, 4-6, 9, 11, 12, 15, 23, 27, 28, 32, 38, 39, 44, 47, 48, 51, 52, 69-71, 75, 79, 82, 88, 91, 95, 96, 98-101, 108, 109, 113-115, 120-122, 124, 125, 133, 136, 138, 139, 144, 146, 157, 158, 159, 161, 162, 165, 167, 171, 178-182, 185, 186
口頭要約　47, 59-61, 71-78, 80, 81, 83, 84, 108, 155, 171, 173
5段階評価　113, 175
コピー＆ペースト（剽窃）　41
コンピュータ・リテラシー　87, 184

【さ】
参考文献　23, 27, 39, 58, 59, 141, 156, 159, 162, 188, 191, 193
3段階評価　113, 175

【し】
自己ＰＲ　164
事実の記述　91, 95, 131, 133, 162
事実文　29, 121, 138, 140-143, 161, 182, 185
就職試験対策用論作文　16
出典　91, 131, 133, 139, 146
章立て　27, 59, 113, 115, 141, 162
書式　139, 160, 162
シラバス　3, 17, 18, 22-26, 30, 33-35, 41, 43, 44, 47-49, 134, 175, 179, 185, 186, 196

資料　12, 23, 27, 39, 41, 58, 59, 72, 74, 89, 101, 102, 110, 111, 114, 115, 119, 129-131, 133, 139, 141-143, 155, 156, 158, 159, 165, 173, 186, 188-191
尋問　118, 127

【す】
STUDY ABROAD　16
スピーチ　32, 43, 48, 50, 51, 117, 120, 124, 125, 127, 128, 132, 172, 173, 175, 185-187
スピーチコンテスト　50, 124, 125

【せ】
清書　33, 101, 152, 175, 177, 179
接続詞　27, 29, 79, 97, 116, 179

【た】
待遇表現　121
「だ・である」体　53, 161
段落意識　9, 24, 70, 71

【ち】
チェックシート　160, 185
注　27, 59, 60, 131, 133, 139-143, 159, 162, 185, 187, 188
直接引用　156, 159, 162, 188

【て】
ディスカッション　43, 50, 126, 187
ディベート　43, 48-51, 117-122, 126-133, 173, 175, 180, 181
手紙　5, 8, 9, 16, 17, 20, 27, 29, 53, 66, 135, 136, 138-140, 146-152, 154, 173, 186, 187
手紙文　25, 29, 32, 54, 138, 139, 146, 149, 150, 152, 186-187

「です・ます」体　53, 56

【と】
読点　53, 55, 56
討論（ディスカッション）　50
トピック　6-12, 114

【は】
俳句・短歌　17
パソコン　54, 63, 87, 160, 182-184, 188
Power Point　50, 59, 73, 86, 87, 101, 102, 110, 111, 115, 157

【ひ】
ピア活動　22, 57, 96
評価　48, 54, 69, 74, 81, 83, 112, 113, 119, 131, 132, 157, 160, 167, 170-182, 185, 187-189, 191-193
評価シート　77-79, 112, 113
評価ポイント　112, 113, 160, 179, 181
剽窃　41, 60, 62

【ふ】
フィードバック　7, 20, 21, 33, 36, 37, 78, 80, 81, 83, 113, 135, 140, 157, 161, 170, 171, 174, 176-182, 185-189
ブレーンストーミング　114, 122, 123, 128, 132
文章作法　139, 160, 161

【め】
メール　5, 15, 53, 138, 139, 147, 149, 152-154, 156, 173, 186
メモ　9, 47, 60, 61, 73-78, 80-84, 108-111, 115, 117, 171-173

【も】
模範解答　195

【よ】
要約文　20, 25, 28, 42, 47-49, 58-65,
　　67-70, 73, 83, 84, 121, 122, 144, 145,
　　171, 176, 177, 181, 182
予備教育型日本語教育　15

【り】
立論　51, 118, 128, 130, 132

【れ】
レジュメ・ハンドアウト　59, 60
連用中止法　27, 65, 179

【ろ】
ローマ字入力　87
論文作法　13, 139, 160, 162

編者

関　正昭(せき　まさあき)
東海大学国際教育センター教授。東京都立大学人文学部卒業。海外技術者研修協会日本語専任講師、愛知教育大学教育学部助教授、鹿児島女子大学文学部教授等を経て現職。著書に『日本語教育史研究序説』(スリーエーネットワーク)、共著に『日本語教育法概論』(東海大学出版会)、共編著に『日本語中級 J 501』、『みんなの日本語中級 I』(共に、スリーエーネットワーク) など。

土岐　哲(とき　さとし)
大阪大学名誉教授(2011 年 6 月没)。大阪大学博士(文学)。早稲田大学文学部卒業。国際学友会専任講師、米加大学連合日本研究センター専任講師、プリンストン大学客員講師、東海大学助教授、名古屋大学助教授、大阪大学教授、京都外国語大学教授を歴任。著書に『日本語教育からの音声研究』(ひつじ書房)、共著に『改訂版日本語要説』(ひつじ書房)、『多文化共生時代の日本語教育』(瀝々社)、『日本語学と言語学』、『言語と教育 - 日本語を対象として』(共に明治書院)、『講座日本語教育学第 6 巻』(スリーエーネットワーク) など。

平高　史也(ひらたか　ふみや)
慶應義塾大学総合政策学部教授。東京外国語大学大学院外国語学研究科ゲルマン系言語専攻修了。ベルリン自由大学文学博士。共編著に『日本語教育史』(アルク)、『多言語社会と外国人の学習支援』、『外国語教育のリ・デザイン』(共に慶應義塾大学出版会)、『日本語中級 J 301』(スリーエーネットワーク) など。

著者

村上　治美（むらかみ　はるみ）
東海大学国際教育センター教授。学習院大学文学部国語国文学科卒業。東京外国語大学大学院外国語学研究科日本語専攻修了。釜山大学校人文大学日語日文学科講師等を経て現職。著書に『日本語中級表現　アカデミック・ジャパニーズ表現の基礎』（東海大学出版会）、共著に『日本語教育法概論』（東海大学出版会）。

装幀・本文デザイン

畑中　猛

日本語教育叢書「つくる」
作文教材を作る

2012年10月10日　初版第1刷発行

編　者　関正昭　土岐哲　平高史也
著　者　村上治美
発行者　小林卓爾
発　行　株式会社　スリーエーネットワーク
　　　　〒102-0083　東京都千代田区麹町3丁目4番
　　　　　　　　　　トラスティ麹町ビル2F
　　　　電話　営業　03(5275)2722
　　　　　　　編集　03(5275)2725
　　　　http://www.3anet.co.jp/
印　刷　倉敷印刷株式会社

ISBN978-4-88319-613-5 C0081
落丁・乱丁本はお取替えいたします。
本書の全部または一部を無断で複写複製（コピー）することは著作権法上での例外を除き、禁じられています。